AF451862

LES
PROTESTANTS
AU MANS EN 1572
PENDANT ET APRÈS LA SAINT-BARTHÉLEMY

DEUXIÈME ÉDITION

Augmentée de notes et d'additions sur l'histoire des Protestants
à Tours et à Caen

PAR

Henri CHARDON,

*Conseiller général de la Sarthe, Vice-Président de la Société
historique et archéologique du Maine, ancien élève de l'École des Chartes,
Officier d'académie.*

PARIS

H. CHAMPION, libraire, 15, quai Malaquais.

LE MANS	MAMERS
R. PELLECHAT	G. FLEURY & A. DANGIN.
LIBRAIRE	IMPRIMEURS
Rue Saint-Jacques.	Place des Grouas.

1881

LES
PROTESTANTS
AU MANS EN 1572

PENDANT ET APRÈS LA SAINT-BARTHÉLEMY

Tous ceux qui ont étudié les luttes politiques et religieuses dans le Maine au XVIe siècle savent combien sont rares les documents relatifs à cette époque de notre histoire locale, dont la plupart des détails sont encore dans l'ombre à l'heure qu'il est, excepté ceux qui ont trait à la période de 1562 à 1565. La destruction des registres municipaux, celle aussi des registres du présidial, l'absence d'un journal ou de mémoires rédigés par des contemporains (documents qui tous eussent pu fournir la trame d'un récit), empêchent encore aujourd'hui de pouvoir écrire une histoire de la Réforme et de la Ligue dans le Maine et d'imiter ce qui s'est fait à nos portes, en Anjou et en Normandie (1).

(1) Voir *La Réforme et la Ligue en Anjou*, par M. Ernest Mourin, 1856, in-8º ; *Histoire du Protestantisme en Normandie*, par M. Lehardy, 1869, in-8º. Les *Mémoires* des Bodreau, encore inédits, et dont je possède une copie dans mon cabinet, commencent il est vrai en 1567 ; mais ils ne prennent guère les allures de Mémoires ou plutôt d'un journal, qu'au moment même où la prise du Mans par Henri IV vient donner, dans cette ville, le coup de mort à la Ligue. Jusqu'à cette époque, ils ne contiennent que de trop rares

Parmi ces trente et quelques années, dont beaucoup sont demeurées inexplorées, nulle n'est plus restée sans histoire au Mans que l'année 1572. Celle là, pourtant, a le privilège de piquer plus vivement la curiosité que toutes les autres. C'est dans un de ses mois, le 24 août, que l'on rencontre la trop fameuse journée de la Saint-Barthélemy. On peut même dire que depuis la pacification de Saint-Germain, du 8 août 1570, jusqu'à la mort de Charles IX (30 mai 1574), on ne sait rien, absolument rien, de l'histoire générale du Maine à cette époque.

Conformément au vieil adage « *Heureux les peuples qui n'ont pas d'histoire* », on en a conclu, judicieusement du reste, que ces années avaient dû être fort calmes dans notre province. Mais les curieux, et je suis de leur nombre, seraient bien aise de savoir si cette présomption, très vraisemblable, peut s'appuyer sur des faits précis et certains, surtout en ce qui touche à la Saint-Barthélemy. Sans doute, ni dans les historiens du temps, ni dans les auteurs de martyrologes protestants, qui ont eu bien soin d'énumérer les villes où la nouvelle religion compta des victimes, on ne trouve aucune allégation relative à des actes sanglants dans le Maine en 1572; et de ce silence on est en droit de conclure que le Mans, disons-le à son honneur, ne vit pas répandre alors le sang des Réformés, qui coula à Rouen, Angers, Saumur, Poitiers et Orléans, pour ne pas citer d'autres villes que celles de notre région du Centre-Ouest de la France.

Le Mans en 1572 est resté pur du sang des Protestants. Cela ne fait doute pour personne ; cela est acquis à l'histoire. Il y a sur ce point une certitude morale qui équivaut à une

mentions relatives aux faits historiques dont le Mans fut le théâtre, mentions dont la rareté même relève l'intérêt. — L'extrait du journal du notaire Jean Bougard, publié par M. de Lestang, d'après le n° 22,608 des ms. du fonds français de la Bibliothèque nationale (*Bulletin de la Société d'Agriculture de la Sarthe*, 1857-1858, p. 499 et suiv.) ne commence qu'à la fin de juillet 1588.

preuve, mais qui, je le répète, ne suffit cependant pas pour satisfaire la curiosité.

Sous l'empire de quelles influences, de quels faits antérieurs, d'après quel courant d'idées, le Mans s'est-il abstenu d'imiter l'exemple de Paris et d'Angers? N'y eut-il pas, comme dans d'autres provinces, un commencement d'émotion populaire, que la fermeté et la modération des magistrats parvinrent à contenir et à calmer? Des mesures ne furent-elles pas prises à l'encontre des principaux huguenots, de ceux qui avaient été les auteurs les plus en vue et les plus coupables des tristes événements dont la ville avait été le théâtre en 1562 et qui se trouvaient plus particulièrement exposés aux représailles de la foule? A la suite du 24 août la liberté de tous ne souffrit-elle aucune atteinte? Quelle fut la série d'ordres successivement envoyés au Mans par la cour? Ceux qu'elle dut y transmettre de bonne heure, comme dans les autres provinces, pour rétablir la tranquillité publique, à laquelle il venait d'être porté par elle une si rude atteinte, et pour y recommander le maintien de l'édit de pacification, ne rencontrèrent-ils aucun obstacle dans les dispositions contraires des autorités locales, ou des masses catholiques, encore exaspérées par les souvenirs des événements de 1562, chaque jour renouvelés par la vue d'églises en ruines ou dévastées?

Voilà autant d'énigmes historiques locales, qu'on est avide de deviner. Ceux qui ont étudié de près les deux mois qui suivent la Saint-Barthélemy, les variations et les obscurités des ordres successifs de la cour, la conduite différente des divers gouverneurs de provinces et les contre-coups que les meurtres du 24 août à Paris eurent dans chacune de nos provinces, comprendront mieux encore que les autres que sur ce point, comme sur bien d'autres de notre histoire locale, on demande un *po' più di luce*.

Il faut bien le dire, aucune explication plausible du calme dont le Mans eut le bonheur de jouir en 1572, n'a encore été donnée jusqu'à ce jour. Pesche (dont je ne rapporte pas textuellement toutes les paroles pour ne pas reproduire des erreurs), a écrit : « Peut-être est-il permis de conjecturer que le Maine dut son salut à la sagesse des Rambouillet, frères de l'évêque Charles d'Angennes, alors absent (1). » Mais le seul des frères de l'évêque, qui exerçât alors une autorité dans le Maine, Nicolas d'Angennes, seigneur de Rambouillet, sénéchal du Maine, vidame du Mans, chevalier de l'Ordre du roi et gouverneur du Maine en l'absence du maréchal de Cossé, était absent de la province et même de France depuis quelques mois, au moment de la Saint-Barthélemy (2). Il était allé rejoindre son frère l'évêque du Mans, devenu cardinal, qui était lui-même à Rome depuis 1568.

Nicolas d'Angennes avait été envoyé à Rome avec la qualité de député extraordinaire pour complimenter sur son exaltation le successeur de saint Pie V, le pape Grégoire XIII, dont l'élection avait eu lieu le 13 mai de cette année 1572 (3). L'époque de son retour en France et de celui du cardinal de Rambouillet est restée inconnue jusqu'ici. Or il ne dut très probablement pas revenir dans le Maine avant son frère, et ce fut le 21 novembre seulement que l'évêque du Mans rentra dans son diocèse. « Le 21e jour de novembre un poinçon de vin d'Orléans fut présenté, au nom de la ville, à M. le cardinal de Rambouillet à son retour de Rome, où il avait été envoyé en légation par Sa Majesté, ainsi qu'à *Messieurs*

(1) Pesche, *Dictionnaire de la Sarthe*, t. I, p. CXCIV.

(2) Nicolas d'Angennes ou M. de Rambouillet, pour l'appeler comme ses contemporains, était devenu vidame par suite de son mariage avec Julienne d'Arquenay, fille de Claude d'Arquenay, vidame du Mans. Sénéchal du Maine depuis la mort de Christophe Pérot, il avait obtenu le 14 juin 1568 les provisions de lieutenant général au gouvernement de la province du Maine. — Il y avait bien alors au Mans un autre frère du cardinal; je veux parler de Claude d'Angennes, mais il était simplement vicaire général de son frère et n'exerçait aucune autorité civile.

(3) Dom Piolin, *Histoire de l'Église du Mans*, t. V, p. 504.

ses frères (1), aux sieurs de Thouars, de Sourches et autres gentilshommes étant à la suite du dit sieur cardinal (2). »

L'influence de MM. de Rambouillet n'a donc pu s'exercer en rien en faveur des protestants. Il faut chercher une autre cause de l'immunité dont ils furent l'objet dans le Maine.

A défaut de documents, on serait fondé à dire, qu'au lendemain de l'occupation du Mans en 1562 par les protestants, une vive réaction catholique ayant eu lieu dans les derniers six mois de cette année, ainsi que dans les deux années suivantes, les représailles qui furent alors exercées suffirent pour satisfaire l'exaspération populaire. Après cette réaction les principaux huguenots, rentrés d'abord au Mans après la pacification, ayant de nouveau abandonné la ville ou ayant abjuré, rien ne devait appeler sur leurs coreligionnaires, plus ou moins déclarés et peu nombreux, les colères de la foule. Les représailles de 1563 et l'état de choses local qui en résulta suffiraient donc pour expliquer au Mans, au lendemain du 24 août 1572, l'absence d'émotion populaire, qui dans un grand nombre de provinces fut la principale cause de l'immolation des protestants.

Mais, dans le même ordre d'idées, il en existe encore une cause bien plus décisive. L'édit d'Amboise du 19 mars 1563, tout en accordant aux protestants l'entière absolution du passé, tout en les rétablissant dans leurs biens, dans leurs

(1) Outre Nicolas, le cardinal de Rambouillet avait de nombreux frères, dont plusieurs appartiennent aussi à l'histoire du Maine, tels que Louis, seigneur de Maintenon, Philippe, sieur du Fargis, Jean, sieur de Poigny, enfin Claude, son successeur comme évêque du Mans, qu'on trouve appelé alors M. de Raineru et M. de Louye du nom des prieurés dont il fut pourvu. J'ai dit que Claude avait été vicaire général de son frère pendant son absence.

(2) *Extraits inédits des comptes de ville du Mans de 1572.* Ce vin fut payé 22 livres 10 sols à Jehan Bouchevreau, marchand tavernier au Mans, qui louait alors de la ville le bas d'une des tours d'enceinte. — Il est probable que le cardinal de Rambouillet s'était arrêté quelque temps à Paris avant de regagner le Maine; car le 1er octobre on voit M. le chantre et six de Messieurs du chapitre de Saint-Julien députés pour aller saluer l'évêque du Mans hors de la province. (Extrait des registres du Chapitre.)

charges et emplois, n'avait pas donné l'exercice *public* du culte dans les villes où il n'existait pas au 7 mars, à la veille de cette pacification (1). Par cela même, le Mans avait été une de celles où l'exercice de la religion réformée était demeuré interdit, même dans les faubourgs.

On ne voit pas en effet l'ancien ministre du Mans, Pierre Merlin, rentrer dans cette ville après l'avoir quittée en juillet 1562 (2). Il reste tantôt auprès de Jacques de Cordouan, seigneur de Mimbré, et le plus souvent à Alençon où les protestants profitèrent de la tolérance du bailli Louis de Rabodanges, qui était beau-frère de M. de Mimbré et devait bientôt se déclarer de leur parti (3). C'est même dans cette dernière ville qu'à l'exemple d'autres de ses coreligionnaires du Mans (tels que René Taron, Guillaume Trouillard, etc.) il s'était, à vrai dire, retiré avec sa femme Françoise de Mellay, fille de François de Mellay, seigneur de Cerisay, en Assé-le-Boisne (4). C'est là que naquit, le 5 février 1566,

(1) V. art. V de l'édit, *Mémoires de Condé*, édit. in-4º, 1743, t. IV, p. 313.

(2) Voir sur Pierre Merlin la préface que j'ai placée en tête du Registre du Consistoire du Mans, *Recueil de pièces inédites pour servir à l'histoire de la Réforme dans le Maine, Annuaire de la Sarthe* de 1867, p. XXIV et suiv. J'y ai relevé la confusion dont il avait été l'objet avec son père, même de la part des auteurs de la *France protestante*. — Voir aussi le petit *Diaire* de son fils Jacques Merlin, publié à Genève, en 1855, par M. Crottet, la *France protestante*, et le *Bulletin de la Société de l'histoire du Protestantisme*, t. IV, p. 535 et suiv.

(3) Comme on l'a vu tout à l'heure, l'édit d'Amboise n'accordait aux protestants l'exercice de leur religion que dans les villes où il avait eu lieu jusqu'au 7 mars 1563. « Les huguenots d'Alençon prétendirent dans la suite être dans ce cas ; les catholiques n'en convenaient pas ; ce qui occasionna des contestations entre les deux partis. Il est certain qu'alors ils faisaient à Alençon l'exercice public de leur religion ; mais on trouve que c'était tantôt dans l'intérieur de la ville, tantôt dans les faubourgs. » Odolant Desnos, *Mémoires sur Alençon*, 2e édition 1858, t. I, p. 182.

(4) Voir sur la famille de Mellay ou de Meslay, à laquelle appartenait la femme de Merlin, ancienne religieuse de l'abbaye du Pré (excuculatam sanctimonialem Pratensem, dit le chanoine Jean Moreau), M. Leguicheux, *Chroniques du canton de Fresnay*, p. 24, et M. Moulard, *Chroniques de Sougé-le-Gannelon*. François de Mellay était seigneur de Cerisay et non de la Cerisaie, comme l'indique la *France protestante*. Il était mort dès 1555.

son fils Jacques, qui eut pour parrain Jacques de Cordouan lui-même (1). C'est là qu'il resta jusqu'à ce que les seconds troubles le forcèrent à fuir, et à accompagner, lors de leur prise d'armes, M. de Mimbré et M. de Lavardin.

Les doléances des protestants du Maine portées devant le maréchal de Vieilleville en 1565 et alléguant des atteintes

après avoir joué un grand rôle sous le règne de François Iᵉʳ. Le Registre du Consistoire du Mans, p. 64, nous montre l'un de ses deux fils M. de *Serizé* assistant à la réunion du 27 janvier 1562. Ce dernier fut capitaine de la Vieille-Porte pendant l'occupation du Mans par les protestants et fut inquiété lors de la réaction. La Borderie chargé de lever cent arque-busiers à cheval dans le duché de Beaumont, et étant en la ville de Fresnay, se contenta, dit Bèze, (*Histoire ecclésiastique*, 1580, t. II, p. 537) « d'emplir sa bourse à quoi il ne se montra lasche, n'ayant pas mesmes espargné les gentilshommes, d'entre lesquels, ... le sieur de Cerisay ». — On voit aussi le Chapitre de Saint-Julien s'adresser à M. de la Borderie, capitaine de Fresnay, au bailli de Fresnay, à M. de la Roche-Mayet pour recouvrer les joyaux de la cathédrale qui se trouvaient *apud dominum de Cerisay et alibi.* — La *France protestante* donne avec raison pour femme à François de Mellay, Antoinette de Clinchamps. Voir la Généalogie de la maison de Clinchamps, *Chartrier français*, 1870, p. 92. Son fils aîné Gaucher, dont la femme appartenait à la famille de Menon, mourut sans enfants. Son fils puîné François perpétua seul le nom des de Mellay. Dans le premier tiers du dix-septième siècle un autre Pierre Merlin, écuyer, sieur du Fresne, épousa Jeanne de Mellay.

(1) Merlin ne fut cependant pas toujours tranquille à Alençon, ainsi qu'on peut le voir par cette lettre du prince de Condé écrite de Vendôme à M. de Matignon, lieutenant général en Basse-Normandie, le 9 novembre 1565 : « Ceux de l'Eglise réformée d'Alençon se sont retirés par devers moy, en ce lieu, pour se plaindre de n'avoir pas la continuation de l'exer-cice de leur religion et de ce que vous avez interdit Mᵉ Pierre Merlin, leur ministre, sous prétexte qu'on lui a voulu imputer d'avoir presché en un verguier et faubourg d'Alençon, d'avoir reçu à la Cène aulcuns personnages qui ne sont du baillage et d'avoir prins à femme une damoiselle qui estoit nonnain en l'abbaye du Pré. » (Lettre provenant du British Museum, citée par M. de La Ferrière, *La Normandie à l'étranger*, p. 195, 1873, in-8º.)

Il est probable que Merlin fut réintégré par Matignon, conformément à la demande de Condé, dont la lettre a pour but de le disculper, suivant M. de la Ferrière. Trois mois après il était encore à Alençon, lors de la naissance de son fils, qui avait six ans et demi lors de la Saint-Barthélemy. Je n'ai pas à raconter ici par suite de quelles heureuses circonstances Merlin, sa femme et son fils, bien que se trouvant à Paris, eurent la bonne fortune de survivre à cette lugubre journée.

portées au culte privé par le conseiller du parlement Gabriel Myron, envoyé comme commissaire général en cette province, prouveraient au besoin cette interdiction du culte public (1).

Ainsi donc après la paix d'Amboise, point de culte exercé publiquement par les Réformés du Mans.

Le traité de pacification de Saint-Germain du 8 août 1570, qui leur fut si favorable, proclama bien un complet oubli du passé et une pleine liberté de conscience; mais, (sauf dans deux localités par gouvernement, Sancerre et le bourg de Maillé pour l'ensemble du gouvernement dont faisait partie le Maine) il ne permit encore l'exercice du culte protestant que dans les villes où il s'exerçait publiquement avant le 1er août (2).

Le Mans restait donc exclu, comme antérieurement, du nombre des villes où les protestants pouvaient avoir leurs prêches, leurs ministres, leurs assemblées.

Cette interdiction du culte public au Mans, qui durait depuis dix ans lors de la Saint-Barthélemy, avait dû être, à vrai dire, le coup de mort de la religion protestante dans cette ville. Il y avait bien eu après la paix de Saint-Germain, qui accordait aux Réformés l'admission à tous les emplois, quelques-unes de ces réintégrations de magistrats très compromis dans les événements de 1562, contre lesquelles avait déjà protesté en 1563 la juste indignation des catholiques du Maine. Bien que rares, elles suffisent, comme celles qui avaient suivi la paix d'Amboise, pour justifier les paroles du

______

(1) *Mémoires de Condé*, t. V, p. 310, *in fine*.

(2) Soldan, *La France et la Saint-Barthélemy*, 1855, in-8°, p. 1. — Voici les dispositions mêmes de l'édit de Saint-Germain : Art. IX, d'abondant leur avons accordé faire et continuer l'exercice de la dite religion en toutes les villes où il se trouvera publiquement fait le premier jour du présent mois d'août, leur défendant très expressément de faire aucun exercice de religion..... tant pour le ministère que règlement, discipline ou instruction publique des enfants et autres, excepté ès lieux ci-dessus permis et octroyez.

chanoine Morand, qui dans son *Histoire inédite de la province du Maine*, citée par Pesche, dit « qu'on vit au Mans s'asseoir sur les fleurs de lys, tel dont l'effigie était attachée à un gibet quelque temps auparavant (1) ». Toutefois la plupart des réintégrés après 1570 durent imiter l'exemple du lieutenant particulier Jean de Vignolles, un des principaux chefs de la prise d'armes et des pillages du Mans en 1562, qui, en prudent politique, abjura bientôt la nouvelle religion et sût se concilier de hauts et d'étonnants patronnages (2).

Toujours est-il qu'au Mans il n'y avait ni dans la ville, ni dans les faubourgs aucun de ces prêches, aucune de ces assemblées, qui ailleurs furent une des principales causes des émotions populaires. De plus Catherine de Médicis, dont le but était avant tout de frapper les chefs du parti réformé pour se délivrer d'ennemis politiques dangereux, Catherine, le duc d'Anjou et ceux qui croyaient aller au-devant de ses désirs, ne devaient trouver au Mans, par suite de cet état de choses local, aucun groupe de huguenots, et surtout de huguenots ayant un rôle important dans le parti.

Cela explique bien, pourquoi il ne dut pas venir dans le Maine de ces courriers porteurs de messages verbaux ou écrits, partis de Paris à la première heure d'affolement, et dont l'arrivée dans quelques villes, heureusement peu nom-

(1) Pesche, *Dictionnaire de la Sarthe*, p. CLXXXIII. - Il serait à désirer que les possesseurs de la riche bibliothèque où se trouve encore aujourd'hui manuscrite l'histoire du chanoine Morand voulussent bien, avec leur aimable courtoisie habituelle, mettre les érudits à même de faire connaissance avec elle et d'apprécier quel peut être son intérêt.

(2) La déclaration portant création d'un second office de lieutenant particulier au Mans et qui concerne Vignolles, dont l'ancien office se trouvait alors rempli par Michel Legras, indique, par sa date, que cette réintégration de Vignolles eut lieu peu de temps après la paix de Saint-Germain, le 27 septembre 1570. Voir à cette date Blanchard, *Compilation chronologique des ordonnances des rois de France*, 1715, in-f°. Je dois la connaissance du texte de l'ordonnance elle-même à l'obligeante indication de M. Bertrand, qui ne pourra manquer de la publier un jour dans une nouvelle série de documents inédits sur l'histoire du Maine au XVIᵉ siècle.

breuses, provoqua les habitants à imiter l'exemple de la capitale, avant qu'ils eussent reçu les ordres du roi recommandant le maintien de l'édit de pacification dans les provinces. J'ajouterai que le Maine, ce qu'on pourrait oublier, ne faisait nullement partie de l'apanage du duc d'Anjou, dont les agents Puygaillard et Montsoreau, sous son inspiration, se signalèrent si tristement à Saumur et à Angers (1). Quant à Sablé, Mayenne, la Ferté-Bernard, dont le duc de Guise était seigneur, ces villes ne devaient compter en 1572 aucun huguenot dans leurs murs. Dans leur remontrance au roi du 29 avril 1562, que nous a conservée Théodore de Bèze, les Protestants du Mans disent : « Que le sieur de Guise avoit commandé à ses sujets du Maine, La Ferté, et Sablé, qu'ils eussent à se saisir des dites villes et en bannir tous ceux qui seroient suspects de la Religion », ce qu'ils ont exécuté (2).

Voilà, à priori, et comme thèse, ce qui me semble l'explication la plus plausible de l'absence de meurtres et d'excès envers les protestants au Mans en 1572, explication qui peut s'appliquer également à toutes les villes où n'avait pas lieu l'exercice public du culte réformé.

J'arrive maintenant au domaine des faits, et à l'examen des événements particuliers dont le Mans fut le théâtre au lendemain de la Saint-Barthélemy. Je regrette de ne pouvoir déchirer tout entier le voile qui les a recouverts jusqu'à ce jour ; j'en soulèverai du moins une partie, de façon à apporter une lueur dans l'ombre. Je souhaite que d'autres chercheurs puissent après moi faire une lumière plus complète ; quoi qu'il en soit, voici, avec quelques autres rensei-

(1) Voir sur la Saint-Barthélemy à Angers, M. de Falloux, *Histoire de saint Pie V* ; M. Ernest Mourin, *La Réforme et la Ligue en Anjou*, p. 106 et suiv. ; *Bulletin de la Société de l'histoire du protestantisme*, t. XII, p. 118 et suiv. ; M. Port, *Inventaire des archives municipales d'Angers*.

(2) Bèze, *Histoire ecclésiastique*, t. II,, p. 519 et 537. Voir aussi ce que dit Bèze d'un capitaine du château de Mayenne-la-Juhée en 1562, après la prise de Rouen. p. 574

gnements à l'appui, les deux premiers documents qui aient
été produits sur le sort des protestants au lendemain de la
Saint-Barthélemy. L'un consiste dans un extrait inédit des
registres de comptes de la ville du Mans ; l'autre, plus
important, est une lettre du maréchal de Cossé, alors
gouverneur du Maine.

Bien qu'il ait été gouverneur du Maine, le maréchal de
Cossé n'a guère été étudié jusqu'à ce jour dans cette province et l'on ne sait nullement quelle influence il y a
exercée.

Artus de Cossé, M. de Gonnord, M. de Secondigny, comme
on l'appelait indifféremment, a joué un rôle très important
dans l'histoire de France, où il occupe une trop grande
place pour que j'essaie même d'esquisser ici son portrait
en passant (1). Tous ceux qui ont pénétré un peu avant dans
la connaissance de ces temps si troublés de la seconde moitié
du XVIe siècle, savent qu'on rencontre son nom à chaque
pas dès 1560 dans la correspondance du roi et de Catherine
de Médicis dont il était un des négociateurs les plus intimes.
Je rappellerai seulement ce qui a trait à son histoire depuis
le moment où il fut pourvu du gouvernement du Maine
jusqu'au lendemain de la Saint-Barthélemy.

Ce fut le 31 janvier 1570 (et non 1571, comme on l'a écrit
récemment en Anjou) que le maréchal de Cossé fut pourvu
du gouvernement des provinces d'Orléanais, Touraine, Maine
et Anjou. Ses lettres de provision furent signées à cette
date (2), non loin du château de Gonnord, à Angers, où se
trouvait alors la cour, qui y fit un séjour assez long (3). La

(1) On peut consulter sur lui Brantôme, *Vies des grands capitaines*,
liv. II et III ; *Mémoires de Castelnau*, (*Additions* de Le Laboureur), t. I,
578-584 ; M. Port, *Dictionnaire de Maine-et-Loire*, etc.

(2) Blanchard, *Compilation chronologique des ordonnances des rois*,
d'après le 5e volume des ordonnances de Charles IX, f° 287, aujourd'hui
aux Archives nationales X[ia] 8628.

(3) Pendant que la cour était à Angers, le 15 janvier 1570, Messieurs de
ville envoyèrent un député vers le roi, en la compagnie de M. le président
de la ville, présenter une requête pour obtenir exemption, rémission ou

guerre durait encore. Cossé en sa qualité de maréchal de France y avait pris et continua d'y prendre une large part. Bien qu' « entendant parfaitement la guerre » il fut battu à Arnay-le-Duc, par Coligny, le 25 juin 1570. Le 27 avril on trouve donné, à Orléans, un avis relatif aux informations sur les exactions des gens de guerre, adressé aux « personnes..... estans du gouvernement du maréchal » de Cossé, par Artus de Cossé..... maréchal de France, gouverneur et lieutenant général pour le roy es pays et duché d'Orléans, Touraine, Chartres, Vendômoys (1). Bientôt la reine mère engagea des négociations avec les chefs protestants et la paix imprévue de Saint-Germain vint mettre fin à la troisième guerre de religion. Elle fut signée sous l'influence du *tiers parti*, dont Cossé était précisément un des chefs avec les Montmorency, dont il était à la fois l'ami et le parent. Le 10 août du camp de Montsoreau, il s'empressait de l'annoncer aux officiers du roi et aux échevins de la ville de Chartres (2).

Dès le commencement de l'année suivante 1571, le roi le chargeait de s'entendre avec les protestants sur l'interprétation et l'exécution de l'édit de paix, dont il était un des principaux auteurs (3) En mars il était envoyé à Angers

rabais de la somme de 10,000 livres ou taxe d'emprunt que le roi avait ordonné de lever sur les plus aisés de la ville du Mans. — Quelque temps après, on crut que le roi viendrait dans le Maine, comme l'avertissement en avait été donné ; aussi Messieurs de ville envoyèrent-ils un député, René Pahoyeau, bourgeois du Mans, avec un homme de pied, en cour étant à Châteaubriant, en pays de Bretagne, pour porter lettres à Mgr le cardinal de Lorraine et à M. de Sauve, secrétaire des commandements, afin de s'informer des projets d'itinéraire du roi. Le lundi 1er mai à l'après diner, ès jardins du château de la ville, en présence de la reine mère, le cardinal de Lorraine répondit au député de Messieurs du Mans, que le roi avait changé de volonté, qu'il ne passerait par leur ville et que les habitants d'icelle n'eussent à s'en mettre en peine. (Extraits inédits des comptes de ville.)

(1) Bibliothèque nationale, ms. du fonds français, n° 3223, f° 20.

(2) M. Merlet, *Lettres des rois de France, Mémoires de la Société archéologique de l'Orléanais*, t. III, p. 117.

(3) La Popelinière, *Histoire de France*, édit 1581. t. II, p. 105 et suiv. ; *Mémoires de l'Estat de France sous Charles IX*, t. I, p. 24 à 29.

pour veiller « à l'entretenement de l'édit » et recevoir les
plaintes des catholiques et des huguenots (1). C'était là une
mission pour laquelle il était naturellement désigné par la
grande situation de sa famille en Anjou, sa modération, sa
qualité de chef des *politiques* et sa longue pratique des négociations. Depuis longtemps initié à toutes les tortueuses
intrigues de Catherine, dont il avait commencé par être un
des principaux instruments, il savait fort bien nager entre
deux eaux. Si sa taille était petite, sa tête et sa cervelle
étaient aussi bonnes que son bras, a écrit Brantôme ; son
esprit vif et joyeux devait aussi ne pas lui nuire auprès des
Angevins ses compatriotes. De là il allait à la Rochelle
négocier encore avec les chefs de la religion, conformément
à la politique de bascule de la reine mère. Des lettres du
roi, du duc d'Anjou et de Catherine lui sont adressées de
Durtal et du Lude au mois de novembre 1571 (2). Le roi
lui donne lui-même la mission d'abattre à Paris la croix de
Gatinès, rappelant un fâcheux souvenir aux Protestants
et qui fut abattue au mois de décembre : « M. le Mareschal,
je vous prie vous en aller à Paris pour mon service et entre
autre chose je veux que vous faciez oster la pyramide (3). »
On trouve encore des lettres du roi à son adresse datées
d'Amboise le 8 janvier 1572, de Blois les 9 et 10 mars de la
même année (4). Ce fut lui qui porta une lettre fort gracieuse
de Charles IX à l'amiral pour le déterminer à venir à Blois ;
l'amiral arriva en cour avec lui, et une escorte de quarante
chevaux.

Pendant tout ce temps du 1er février 1570 au mois d'août
1572, de même que plus tard encore, on ne voit pas qu'il ait
entretenu de rapports suivis avec le Maine, où on pourrait
dire qu'il ne brilla que par son absence. Le roi y est repré-

(1) M. E. Mourin, *La Réforme et la Ligue en Anjou*, p. 103.
(2) Bibliothèque nationale, ms. f. fr. nos 3217 et 3256.
(3) Soldan, *La France et la Saint-Barthélemy*, p. 126.
(4) Bibliothèque nationale, ms. f. fr., 3216 3217.

senté par M. de Rambouillet, Nicolas d'Angennes, « gouverneur au dit pays du Maine en l'absence de M. le mareschal
de Cossé (1) ». Les registres de ville mentionnent une seule
fois « les missives envoyées aux eschevins par M. le mareschal de Cossé, gouverneur pour le roy notre sire au dict
pays du Maine » à propos de feux de joie à célébrer à la fin
de novembre 1570 à l'occasion du mariage de Charles IX,
que le Chapitre fêta de son côté par un solennel *Te Deum*.

Il est probable même que le maréchal ne mit pas les
pieds dans cette partie de son vaste gouvernement. Car,
alors que les registres de ville donnent les noms des personnages de marque que le Mans reçoit dans ses murs à
cette époque, ils ne contiennent nullement celui de M. de
Cossé (2) ; il en est de même après 1572 (3).

A la veille et au moment de la Saint-Barthélemy le maréchal se trouvait à Paris. De Thou et les *Mémoires de l'Estat
de France*, nous le montrent allant voir Coligny blessé du
coup d'arquebuse de Maurevel ; ils rapportent les paroles
que lui adressa l'amiral et qui prouvent à quel point une
confiance intime l'unissait à M. de Cossé. Aussi le même de
Thou avance-t-il, que le maréchal fut aussi en danger à la
Saint-Barthélemy, parce qu'il était ami des Montmorency et
n'était pas du parti des Guise. Ses fréquentes accointances

(1) M. de Rambouillet était lui-même bien souvent en cour et absent du
Mans ; le 11 mars 1571, il figure à l'entrée de Charles IX à Paris.

(2) Parmi les personnages du rang le plus élevé que le Mans reçut alors
je citerai, en 1570, le 6 avril, le cardinal de Guise et Mgr de Guise son
neveu ; le 12 avril le maréchal de Montmorency et sa femme ; le 2 juillet
le maréchal de Vielleville. Ce dernier revint encore en décembre 1571. Le
vin de la ville lui fut offert ainsi qu'aux autres « gentilshommes estans à
sa suite, M de Rambouillet, sénéchal du Maine, M. de Vassé, le sieur du
Vau, le vicomte Davenel. *Extraits inédits des comptes de ville.*

(3) Des liens d'une autre nature entre M. de Cossé et le Maine résultèrent,
après la mort de sa première femme, Françoise Boucher, de son second
mariage avec Nicole Le Roy de Chauvigny, dame de Ballon, fille de Guy,
sieur du Chillou, et de Radegonde de Maridor, veuve de François Raffin,
seigneur d'Azai-le-Rideau, sénéchal d'Agenois. Nicole Le Roy, survécut à
son mari et habita souvent le château de Ballon, lors de son veuvage.

avec les protestants depuis la paix, son rôle dans l'affaire de la croix de Gastines n'avaient pu manquer d'inspirer quelques défiances aux plus chauds amis de la maison de Lorraine (1).

Le 23 août, il écrit aux officiers de justice et aux échevins de la ville de Chartres en leur adressant la lettre *circulaire* du roi du 22, par laquelle Charles IX instruit les gouverneurs des provinces qu'il fera bonne justice de l'attentat commis sur la personne de l'amiral Coligny et recommande de garder et d'observer entièrement l'édit de pacification, en prenant garde à ce qu'il se fasse assemblée ni remuement dans leurs gouvernements. Cossé ordonne de « prendre bien garde et donner si bon ordre en la ville qu'il n'y advienne aucun trouble ni émotion du peuple, et au contraire que l'on soit contenu en bonne paix sans faire aucune chose contrevenante aux ordonnances de Sa Majesté et édits de pacification (2) ». Il est probable que la même lettre de Cossé, rédigée dans un but d'apaisement et invitant à obéir

(1) *Histoire universelle*, de Thou, Bâle, 1742, in-4°, tome IV, p. 576 et 594. Coligny blessé aurait dit à Cossé : « Pour certain il vous en pend autant à l'œil. » Il faut ajouter que lorsque la reine mère lui « fit épouser la Bastille pour seize ou dix-sept mois » à la veille de la mort de Charles IX, cet emprisonnement fut accueilli par un grand contentement de la populace. De Thou, t. V, p. 41. — L'ambassadeur d'Espagne don François de Alava, envoyant à Philippe II les portraits des principaux personnages de la cour après la paix de Saint-Germain, lui écrit : « Les maréchaux sont six et s'ils étaient sept on pourrait les comparer aux sept péchés mortels.... Cossé est celui qui dirige les menées secrètes de la reine mère ; c'est un athée. Vieilleville est considéré aussi comme athée ; cependant il se confesse tous les ans. » L'auteur de ce « pasquil » range dans la même catégorie le duc de Longueville qui « est tout à la fois catholique, huguenot ou athée » Extrait des archives de Simancas, cité par Capefigue, *La Réforme et la Ligue*, 3e édition, 1843, p. 317. — On lit dans les *Mémoires de l'Estat de France*, t. I, f° 226 v°, à l'occasion de la Saint-Barthélemy : « Quant au mareschal de Cossé, sans les prières de la damoiselle de Chasteauneuf qui y employa son crédit envers le duc d'Anjou..... il y passoit comme les autres. » Mais la partialité de ce recueil envers les protestants, où de Thou a puisé lui-même ses dires à l'égard de Cossé, empêche d'accorder grande créance à ce *racontar* de ruelles.

(2) V. M. Merlet, *Lettres des rois de France*, p. 119 et 120.

aux commandements du roi « pour le bien et le repos de
son peuple » fût envoyée à toutes les villes de son gouvernement, et par conséquent au Mans aussi bien qu'à Chartres.

Le lendemain même de la Saint-Barthélemy, le 25, je ne
trouve qu'une lettre assez terne du maréchal adressée aux
officiers de justice et échevins de Chartres, leur trans-
mettant un « paquet » du roi adressé à M. d'Eguilly, gouverneur et aux échevins. Il se borne à leur recommander
de fermer les portes de la ville et de ne pas se laisser
surprendre par un capitaine, nommé la Bryère, qui a quelques
troupes avec lui (1). Et puis c'est tout. Rien de plus explicite
relativement aux terribles événements qui s'étaient passés à
Paris depuis la nuit du 24 août. Les autres lettres de
Charles IX sont directement adressées au gouverneur de la
ville M. d'Eguilly. Quant au maréchal de Cossé, il ne resta pas
longtemps à Paris, et s'en alla dans son gouvernement, en
Orléanais où sa présence était bien nécessaire pour arrêter
les sanglants excès qui avaient été commis à Orléans dès
le 26, avant son arrivée.

Le 25 les officiers de justice et messieurs de ville avaient
écrit à M. de Cossé pour lui demander la conduite à tenir
après l'arrivée, dès le 24, de couriers leur ordonnant
d'armer les catholiques, afin qu'ils demeurassent les plus
forts ; mais, dès le 26, les meurtres avaient éclaté dans
Orléans. La présence de Cossé était fort urgente pour
rétablir l'ordre ; car Orléans n'avait pas été la seule ville de
son gouvernement où de regrettables actes eussent été
commis. Jargeau, Gien, Beaugency, Châtillon-sur-Loire,
eurent aussi de bonne heure leurs sanglantes tragédies (2).

---

(1) M. Merlet, *Lettres des rois de France*, p. 121. — Ce capitaine n'était-
il pas par hasard un de ceux qui poursuivirent hors de Paris les protestants
fugitifs ?

(2) Voir M. Baguenault de Puchesse, *La Saint-Barthélemy à Orléans,
Mémoires de la Société de l'Orléanais*, t. XII, 1873, et *Bulletin de la
Société de l'histoire du protestantisme*, août 1872, la Saint-Barthélemy à
Orléans, racontée par un étudiant allemand. M. Baguenault de Puchesse

Pendant son séjour dans son gouvernement, la cour lui adressa de nombreuses lettres du 26 septembre au 4 du mois de novembre (1). La plupart, sinon toutes, sont encore inédites, et leur publication ne manquerait pas d'offrir de l'intérêt pour l'histoire de ce temps, comme celle des lettres, plus nombreuses, adressées alors au maréchal de Damville et à M. de Matignon, lieutenant général en Basse-Normandie, dont Odolant Desnos a mis en lumière et loué si justement le rôle humain et pacificateur à l'égard des protestants, lors de la Saint-Barthélemy (2).

Pendant qu'il était dans l'Orléanais, M. de Cossé n'oubliait cependant pas tout à fait son gouvernement du Maine. Le onzième jour du mois de septembre il écrivait d'*Orléans* aux officiers de justice de la ville du Mans (3), dans le but d'être informé, comme on le va voir, de ce qui s'était passé dans cette province depuis la Saint-Barthélemy. Cette lettre est malheureusement aujourd'hui perdue et englobée dans la destruction de la plus grande partie des archives municipales de la capitale du Maine. Son existence ne nous est

dit à peine un mot de l'intervention à Orléans de Cossé, qui, de peur de nouveaux troubles et de représailles possibles des protestants, augmenta le nombre des compagnies dans la ville. Voir *ut supra,* p. 537.

(1) Voici l'énumération de ces lettres adressées au maréchal de Cossé, et contenues dans les manuscrits du fonds français de la Bibliothèque nationale:

26 septembre, 8 octobre (2 lettres), 14, 17, 21, 25 octobre, 4 novembre, lettres du roi.

8, 21 octobre, lettres du duc d'Anjou, qui, pendant le même mois, écrit encore une autre missive, sans date plus précise, à Cossé.

4 et 22 octobre, lettres de Claude de Lorraine, duc d'Aumale.

21 octobre, lettre de M. de Lansac.

Une seule de ces lettres, celle du roi, du 14 octobre, relative au rétablissement de Jean de Vignolles dans son office de lieutenant particulier, a été publiée par M. A. Bertrand. *Bulletin de la Société d'Agriculture de la Sarthe,* 1875, p. 144, *Documents sur le XVIe siic'e dans le Maine.*

(2) V. sur le rôle de Matignon à Alençon, Odolant Desnos, *Mémoires historiques sur Alençon,* tome II, p. 285, et le *Bulletin de la Société de l'histoire du protestantisme,* t. VIII.

(3) *Extrait des comptes de la ville du Mans de 1572.* Archives municipales du Mans.

2

révélée qu'à l'occasion des mesures prises, aussitôt après sa réception, par les officiers de justice et le corps de ville du Mans pour déférer aux désirs du maréchal.

Toujours est-il que bien peu de temps après l'arrivée de cette lettre, le 13 septembre, d'après la requête du procureur du roi Félix Le Chesne (1) et par ordonnance signée de sa main le dit jour, M. Anselme Danguy, avocat du roi (2), fut député par l'assemblée de ville, « pour, par le dit Danguy, aller vers M. le maréchal de Cossé, comte de Secondigny, gouverneur et lieutenant général pour le roi au dict pays du Maine, pour l'advertir de ce qui s'estoit faict depuis la mort de l'admiral, *en exécution* des édits du roi de *sa pacification* en la dicte ville du Mans et en certiffier le dict seigneur mareschal et gouverneur, tant de bouche que par escript ». L'avocat du roi reçut pour son voyage la somme de cinquante livres, qui lui fut taxée et ordonnée par M. Jacques Taron (3), con-

(1) Le procureur du roi Félix Le Chesne, fut un des plus chauds défenseurs de la cause catholique, ainsi que je l'ai dit, *Recueil de pièces inédites pour servir à l'histoire de la Réforme dans le Maine*, 2ᵉ partie, *Annuaire de la Sarthe* de 1868, p. VII et XXVIII. Il s'était opposé énergiquement à la réintégration des magistrats auteurs ou complices de la sédition et des pillages de 1562. Aussi fut-il l'objet des attaques les plus vives de la part des protestants, ainsi qu'on peut le voir dans la Remontrance envoyée au roi par la noblesse de la religion réformée du Maine en 1563 et émanée de Gervais Le Barbier de Francour, et dans l'Avertissement de 1565 adressé au maréchal de Vieilleville. V. *Mémoires de Condé*, t. V, p. 287, 307, 312, 316. Le Chesne, disent-ils, portait le surnom de Robinet.

(2) Anselme Danguy, avocat du roi depuis 1569, habitait paroisse de la Couture, ainsi que d'autres membres de sa famille. Il avait épousé Françoise Le Roy, de la famille du conseiller du présidial Dominique Le Roy, dont la conduite fut aussi digne que courageuse en 1562 (*Annuaire de la Sarthe* de 1868, p. 17), et qui tint sur les fonts leur fille Perrine, le 8 novembre 1570. Deux autres enfants d'Anselme Danguy furent également baptisés paroisse de la Couture, Cristofle, le 2 janvier 1573, Barbe, le 12 juillet 1577.

(3) Le lieutenant général Jacques Taron, pendant près de trente ans (de 1560 à la fin d'août 1589) remplit l'office de lieutenant général du sénéchal au Mans, et pendant ce temps il fut à la fois chef de la justice et de l'administration municipale, puisque le lieutenant général y remplissait les

seiller du roi, lieutenant général en la sénéchaussée (1).

Que s'était-il fait au Mans depuis que la nouvelle de la mort de l'amiral y était parvenue ? Hélas ! la curieuse mention des Registres des comptes de la ville, échappés à la destruction qui a frappé les registres des délibérations, excite notre curiosité, mais ne la satistait pas. Cependant comme elle parle de ce qui s'est fait en exécution des édits du roi *de sa pacification* en la dite ville, on peut dire qu'elle écarte par cela même les idées de meurtres, d'excès, d'émeute populaire et de troubles, tels qu'il y en eut dans d'autres villes.

Quels étaient ces édits du roi ? Bien que je ne veuille en aucune façon entrer dans le domaine de l'histoire générale et répéter ce qu'on trouve, ou ce qu'on devrait trouver, dans toute l'histoire sérieuse de la Saint-Barthélemy, il me faut bien dire un mot de la série d'édits qui la suivirent, afin de faire mieux comprendre les actes accomplis en vertu de ces ordres royaux.

Le 24 août, une lettre circulaire du roi fut adressée aux

fonctions de maire en sa qualité de gardien des privilèges de la ville. Son rôle important au milieu des luttes sans cesse renaissantes de la seconde moitié du XVIᵉ siècle mériterait qu'on lui fît l'honneur d'une biographie détaillée. Dévoué aux intérêts catholiques, objet en 1564 et 1565 des vives récriminations des protestants, qui ont prodigué contre lui, (contre Touraut, comme ils le disent appelé) des accusations de toute sorte (V. *Mémoires de Condé*, t. V, p, 286, 307, 312, 316), à la fin de sa vie il était devenu suspect aux ligueurs, qui le regardaient comme un des principaux *royaux* de la ville, et un partisan des Rambouillet. Aussi l'un de ceux-ci, M. de Maintenon (Louis d'Angennes), disait-il, dans sa lettre au roi du 25 juillet 1588, qu'il s'était toujours montré bon et fidèle serviteur de Sa Majesté. V. Lettre publiée par M. Bertrand dans ses *Documents inédits sur l'histoire du Maine au XVIᵉ siècle, Bulletin de la Société d'Agriculture de la Sarthe*, 1875, p. 157.

(1) *Extrait des comptes de ville.* — On voit réunis dans cette pièce le lieutenant général du sénéchal, le procureur du roi, l'avocat du roi, c'est-à-dire les principaux officiers de justice du Mans, qui composaient avec les échevins l'assemblée de ville, présidée par le lieutenant général. — Celui-ci, devait exercer alors, en fait, dans la ville la principale autorité, en l'absence de M. de Rambouillet, à la fois sénéchal et lieutenant général pour le roi au gouvernement du Maine.

gouverneurs des provinces, rejetant sur les Guise la responsabilite des meurtres, les présentant comme le résultat d'une querelle particulière entre les Châtillon et les Guise, qui ne devait inspirer aucune inquiétude au sujet de l'édit de paix, « lequel doit être exécuté autant que jamais, *ainsi*, dit le roi, *que je l'ai fait savoir et entendre par tous les endroits de mon royaume*, dans la crainte que ceci n'émeuve ou fasse soulever mes sujets les uns contre les autres et faire grands massacres par les villes ». Chacun doit rester en sa maison en repos, sans prendre les armes ni s'offenser, sous peine de vie. Les gouverneurs doivent assembler des forces pour punir les contrevenants et courir sur *ceux qui se voudraient soulever et désobéir à la volonté royale*. Cette circulaire qu'on trouve adressée à deux gouverneurs de villes du gouvernement du maréchal de Cossé, à Chartres à M. d'Eguilly, à Tours à M. de Prie, lieutenant général du roi en Touraine (1), fut certes envoyée de même au Mans. Les lettres du 27, à l'adresse des officiers de Bourges, sont conçues dans le même esprit et presque dans les mêmes termes (2).

Vient ensuite la déclaration du 28 août, plus connue et plus importante, expliquant que ce qui est advenu s'est fait pour prévenir la conspiration ourdie par l'Amiral et ses complices (3). Elle fut envoyée à chacun des gouverneurs de provinces avec des lettres particulières du roi, toutes également d'une même teneur, quoiqu'on en ait dit. La lettre que reçut M. d'Eguilly à Chartres et que M. Merlet croyait être sans analogues, est entièrement semblable à celle qui fut adressée le 30 à la ville de Bourges (4).

(1) V. M. Merlet, *Lettres des rois*, p. 121; *Mémoires de l'Estat de France*, t. I, p. 214.

(2) *Mémoires de l'Estat de France*, t. I, p. 230; La Thaumassière, *Histoire du Berry* (réimpression), t. I, p. 373.

(3) *Mémoires de l'Estat de France*, t. I, p. 232.

(4) V. M. Merlet, *Lettres des rois*, p. 124; *Mémoires de l'Estat de France*, t. I, p. 255.

Par cette solennelle déclaration du 28 août, le roi fait connaître qu'il veut que l'édit de pacification soit observé, que les protestants puissent vivre en toute sûreté et liberté dans leurs maisons comme par le passé. Il défend d'attenter à leurs personnes ou à leurs biens. Néanmoins pour obvier aux troubles, scandales et défiances, il fait expresses défenses de ne faire aucune assemblée ni presche dans les maisons, ni ailleurs, pour quelque occasion que ce soit, jusqu'à nouvel ordre.

Les lettres disent plus explicitement : « Que chacun d'eux se retire en leurs maisons pour y vivre *doucement*, comme il est permis par le bénéfice de mes édits de pacification, et ils y seront conservés sous ma protection et sauvegarde. Autrement là où ils seroient refusans de se retirer après l'advertissement que vous leur en aurez faict, vous leur courrez et ferez courir sus... tellement qu'ils soyent taillés en pièces comme ennemis de ma couronne. » Par la déclaration défense était faite de tirer aucune rançon des protestants qui avaient pu être arrêtés et de prendre dorénavant et arrêter aucun d'eux sans commandement du roi.

Les prisonniers devaient être mis en liberté à l'exception de ceux qui avaient pris part à la direction des affaires des huguenots, « si ce n'est, est-il dit, qu'ils soyent des chefs, qui ont eu commandement pour ceux de la religion ou qui ayent fait des pratiques et menées pour eux, lesquels pourroyent avoir eu connoissance de la conspiration sus dite ».

En vertu des différents ordres du roi, les huguenots, rencontrés hors de leurs maisons, rebelles ou tenant des assemblées, étaient seuls mis pour ainsi dire hors la loi et ceux là qui avaient exercé un commandement, devaient seuls être privés de leur liberté.

Si ces édits furent différemment appliqués par les différents gouverneurs ou leurs lieutenants généraux suivant leurs tendances particulières, c'est que, par leur rédaction même, sans parler de quelques variations ou obscurités, ils prêtaient à des interprétations diverses. En somme, ils recommandaient aux gouverneurs des provinces d'assurer l'ordre public, en protégeant tous ceux *qui se contiendraient doucement*, *qui vivaient doucement chez eux* (cette formule semble être devenue de style en septembre) et de réprimer seulement les factieux et les fauteurs de troubles. Mais suivant la manière particulière dont les gouverneurs comprenaient, eu égard à leurs sentiments ou aux circonstances locales, les exigences et l'intérêt de la paix publique, ils pouvaient sévir ou non contre ceux qu'ils considéraient comme dangereux pour l'ordre, turbulents et factieux ; de sorte qu'en fait la liberté des *principaux* religionnaires se trouvait laissée à leur discrétion (1).

Ceux qui voudront connaître plus à fond les diversités de ces édits successifs, les différentes lettres aux gouverneurs des provinces, jusqu'au mois de novembre et l'application qui en fut faite dans chaque gouvernement, trouveront où pleinement se renseigner dans les études si nombreuses dont la Saint-Barthélemy a été l'objet (2). J'ai seulement

(1) « Tous ces édits et ordres différents furent différemment interprétés dans les provinces suivant le caractère de ceux qui y commandoient. Les Montmorency et leurs partisans les exécutèrent avec beaucoup de modération. » De Thou, *Histoire universelle*, t. IV, p. 601.

(2) Voir *Mémoires de l'Estat de France*, outre les citations précédentes, folios 23%, 268, 291, 299, 301, 417, 419 ; Soldan, *La France et la Saint-Barthélemy*, p. 83, 88, 98 et les notes ; M. Gandy, *La Saint-Barthélemy, Revue des Questions historiques*, t. I, p. 331 et suivantes ; *Correspondance de Charles IX* et du sieur de Mandelot gouverneur de Lyon pendant l'année 1572, publiée avec les notes de M. Paulin Paris, 1830. — Il serait à désirer que la correspondance des autres gouverneurs fut également publiée. — J'ai signalé l'intérêt qu'offrirait spécialement celle de M. de Matignon. — Sur les suites de la Saint-Barthélemy en Normandie, voir M. La Ferrière-Percy, *La Normandie à l'étranger*, p. 206 et suiv. On y trouve une lettre du duc d'Anjou à Matignon du 22 août, une lettre et une proclamation de ce dernier à Caen du 27. — Soldan, *La France et la Saint-Barthélemy*, p. 138, cite aussi deux lignes d'instructions du roi à son adresse. — La publication des correspondances dont je viens de parler achèverait de prouver la fausseté des réponses légendaires de certains

voulu indiquer quel en était l'esprit général et dans quel embarras pouvaient se trouver les officiers de justice, soucieux à la fois de respecter les ordres de Charles IX, d'assurer la paix publique et d'observer l'édit de pacification.

Bientôt même nous allons voir les officiers du roi au Mans se trouver précisément dans cet embarras et en référer au maréchal de Cossé, pour lui demander des instructions et mettre à couvert leur responsabilité.

L'avocat du roi, Anselme Danguy, était allé remplir la mission, dont l'avait chargé l'assemblée de ville, auprès de Cossé, à Orléans. Après l'avoir renseigné sur les mesures prises au Mans au lendemain du 24 août, il avait à son tour reçu de la bouche du maréchal des instructions sur la conduite que devaient suivre les officiers de justice du Mans à l'égard des protestants. Elles devaient être conformes aux idées de modération et de tolérance dont le gouverneur était animé, conformes aussi aux ordres de la cour qui, vers la mi-septembre, s'étaient accentués plus nettement dans le sens du rétablissement de l'ordre, du respect de la paix publique aussi bien par les catholiques que par les protestants, et de la répression contre les auteurs de troubles quels qu'ils fussent (1). Je ne puis faire connaître qu'un seul, des points sur lesquels portèrent les instructions de M. de Cossé ; il suffit pour prouver son impartialité, son respect pour les ordres du roi et pour la loi dont il se

gouverneurs, réponses fabriquées après coup par les historiens, pour mettre mieux en relief leur modération et leur fermeté, ou pour faire croire à une prétendue préméditation de la Saint-Barthélemy, thèse qui était presque entièrement abandonnée par la critique, lorsqu'elle a été reprise récemment par un érudit protestant M. Henri Bordier, *La Saint-Barthélemy et la critique moderne*, 1879, in-4°.

(1) V. Lettres du roi au gouverneur de Mâcon, au gouverneur de Dauphiné, au gouverneur de Lyon, du 14 septembre, au duc de Guise. lieutenant général en Champagne, du 18, dans les *Mémoires de l'Estat de France*, p. 291 et 299 ; *La Correspondance de Charles IX* et de Mandelot. p. 75 ; et le curieux *Mémoire* du roi du 22 septembre, qui n'a presque jamais été cité. parceque les *Mémoires de l'Etat de France*, t. 1, f° 301. lui ont donné un titre qui ne répond qu'à la première partie de son texte.

montre même plus impartial observateur que son souverain.

Parmi les huguenots ayant eu la plus grande part à la prise d'armes du Mans en 1562, aux pillages et aux dévastations qui en avaient été la suite, avait figuré le lieutenant particulier, Jean de Vignolles, qui pouvait être considéré à bon droit comme le chef de la sédition, et le principal auteur des ruines qui avaient alors jonché la ville (1). Après bien des aventures, las de sa vie errante (2), il avait profité de la pacification de l'édit de Saint-Germain, et avait été réintégré, on l'a vu, à la fin de septembre 1570, dans son office de lieutenant particulier. Par son passé il s'était montré factieux au premier chef et avait été au Mans l'âme de la conspiration des protestants, le vrai directeur des affaires du parti. Le laisser, dans un moment de troubles, tel que celui où on se trouvait, quasi à la tête de la justice et de l'administration municipale en sa qualité de suppléant du lieutenant général, était-ce conforme aux idées de précaution prudente et de consolidation du repos public qui prévalaient dans les instructions de la cour et avaient inspiré les lettres du roi du 28 août? Le maréchal de Cossé ne le pensa pas.

Il fit commandement à Monsieur l'avocat du roi d'arrêter le sieur de Vignolles prisonnier, lui disant que le roi n'entendait se servir de tel factieux et donna commission au président du présidial du Mans, Jean Le Peltier, de lui faire son procès (3). En décidant ainsi du sort du chef du

(1) Voir sur le rôle de Vignolles au Mans, mon *Recueil de pièces inédites sur la Réforme dans le Maine. Annuaire de la Sarthe*, 1867, 1868. *passim*.

(2) Vignolles se signala par de nouveaux actes de vandalisme à Caen. (V. M. Le Hardy. *Histoire du protestantisme en Normandie*, p. 275.) Plus tard l'ancien lieutenant particulier du Mans passa dans les Pays-Bas. — C'est là que fut fait le portrait de Vignolles, reproduit dans l'*Iconographie cénomane* de Pesche et que possède encore aujourd'hui le tribunal civil du Mans. — Les *Remonstrances des protestants* de 1564 et de 1565, célèbrent la rondeur, l'intégrité et même la vertu du sieur de Vignolles. *Mémoires de Condé*, t. V, p 290, 295, 315.

(3) Voir la lettre du président Le Peltier à M. de Cossé, publiée par M. Bertraud, *Documents inédits sur l'histoire du Maine au XVIe siècle* et le portrait que le président y fait de Vignolles.

parti protestant au Mans, conformément aux déclarations et
lettres du roi, Cossé qui avait fait son éducation politique à
l'école de Catherine de Médicis se rappelait sans doute aussi
une maxime de la reine mère qui, en 1562, après la prise de
Bourges, écrivait au duc de Montpensier, alors gouverneur
du Maine, « quand les chefs sont punis l'on doit se con-
tenter ; car de vouloir tout chastier l'on n'auroit jamais
fini ! »

Nous retrouverons tout à l'heure Jean de Vignolles ; mais
auparavant ne fut-ce que pour suivre l'ordre chronologique,
il nous faut revenir à des faits d'un ordre plus général.

L'avocat du roi, Danguy, de retour au Mans rapporta aux
officiers de justice, ses collègues, les instructions du maréchal. Elles ne les tirèrent pas d'embarras sur tous les points.
Les magistrats manceaux ne savaient trop comment interpréter toutes les lettres qu'ils avaient reçues de la cour, et
qui dans leurs variations laissaient une latitude gênante à
des officiers de justice, désireux d'appliquer les édits et les
missives dans le sens le plus conforme à la volonté du roi et
de ne se placer ni en deçà, ni au-delà de ses prescriptions à
l'égard des protestants (1). Le lieutenant général Jacques
Taron, pour couvrir sa responsabilité et s'éclairer sur ce
qu'il avait à faire, en référa donc de nouveau au maréchal
de Cossé (2). Son passé le montre tout dévoué aux intérêts
des catholiques : la réponse que lui adressa le maréchal,
semble indiquer qu'il était tenté d'interpréter les instructions de la cour plutôt dans un sens rigoureux contre les
protestants qu'en leur faveur.

(1) Cela me rappelle une phrase qu'a écrite M. de La Ferrière-Percy
dans *La Normandie à l'étranger :* « Dans la politique de Catherine il y a
toujours un côté réservé et caché qu'il faut chercher à pénétrer. On est
tenté de chercher à lire entre les lignes. » Le lieutenant général du Mans
pensait peut être que le fils prenait modèle sur sa mère dans ses lettres.

(2) Jacques Taron s'intitule alors « lieutenant général et ordinaire en la
sénéchaussée, conservateur des privilèges dons et octrois faits et donnés
par les roys de France à la ville du Mans ».

Voici en effet la curieuse lettre que lui répondit le maréchal de Cossé ; par une bonne fortune quasi unique, elle nous a été conservée et je m'estime heureux de pouvoir en faire profiter tous ceux qui s'intéressent à notre histoire locale et considèrent les pièces de cette nature comme plus intéressantes que tout autre document.

A MONSIEUR TARON, LIEUTENANT GÉNÉRAL EN LA
VILLE DU MANS, AU MANS.

« Monsieur le lieutenant, jé receu vostre et pour responce toutes rensons sont deffendues par le Roy. Et vous donnez garde qu'elles ne soient exigées sur les sujects de Sa Majesté. Mays, s'il y a prinsonniers qui ayt failly contre les édicts de sa dicte Majesté, leur ferez bonne et briefve justice.

Au demeurant soubz le mot de *factieux* vous comprendrez ceulx qui ont esté cappitaines et qui ont eu commandement et faict entreprinse pour surprendre les villes et places du Roy. Et quant aux trois prinsonniers dont m'escripvez, l'un qui a enseigné les enfans en l'oppinion nouvelle, s'il l'a faict contre la forme des édicts il est punissable (1), comme aussi celluy qui a jecté des ordures, si la faulte a esté comise pendant le temps de pacification. Et pour le regard du troisième encore qu'il ayt porté les armes, toutefois, s'il n'y a aultre chose contre luy, le Roy n'entend qu'il soit comprins soubz le mot de *factieux*.

Aussi je vous advertiray comme le roy m'a escript qu'il ne veult ny entend que le sieur du Vau (2) aille en vostre ville

______

(1) On a vu que la paix de Saint-Germain n'autorisait pas l'instruction publique des enfants dans les villes où les réformés n'avaient pas obtenu l'exercice public de leur culte. — J'ai indiqué dans ma préface du Registre du Consistoire du Mans, (*Annuaire de la Sarthe*, 1867, p. XXIX) qu'en 1562, le Consistoire avait établi, mais sans succès, des écoles protestantes au Mans. Alençon eut des écoles protestantes dont M. Duval a fait récemment l'histoire dans le *Bulletin de l'histoire de la Société du protestantisme.*

(2) Le sieur du Vau, Messire René (*aliàs* François) de Vendomoys, chevalier de l'ordre du roi, sieur de la Bournaye, Sainte-Cerotte. Le Vau,

pour y commander, ayant entendu le bon comportement qui est entre vous, en remettant la garde entre les mains des habitans de la dicte ville que vous garderez en toute seureté (1) ; qui sera fin où je prieray Dieu, Monsieur le lieutenant, qu'il vous tienne en sa sainte garde.

De Gien, ce 8ᵉ jour d'octobre 1572.

Vostre bien bon et seur amy.

DE COSSÉ. »

Cette lettre, conforme à ce qu'on était en droit d'attendre du maréchal de Cossé, est un écho de ses idées d'homme de tiers parti. Respect de la loi et de la déclaration du roi,

Manteaux, Boulon, etc., appartenait à une ancienne famille des confins du Maine et du Vendomois, sur laquelle des renseignements sont donnés par l'auteur du *Bas-Vendômois*, p. 175. — M. du Vau ou de Vendomoys, comme on l'appelle indifféremment, apparait souvent à cette époque comme un des principaux défenseurs des intérêts catholiques et un des chefs de la noblesse du Maine.

Le château de Lassay est remis entre ses mains en 1569, lorsqu'il eut été repris sur les protestants. C'est à lui en effet que doit se rapporter ce que M. de Beauchesne (*Essai sur le château de Lassay,* p. 33), dit du seigneur de Vendômois, gouverneur du pays, qui avait aidé M. de Matignon à reprendre ce château. — Nous l'avons vu figurer au Mans en décembre 1571 à l'entrée du maréchal de Vieilleville à la tête des principaux gentilshommes de la province. Nicolas d'Angennes cite son nom dans deux lettres au duc de Nevers, des 24 septembre et 2 octobre 1575, qu'a fait connaitre M. Bertrand. Enfin il tint une grande place à la réunion de son ordre, lors de la nomination des députés aux Etats généraux de 1576. Il eut un certain nombre de voix pour être élu député, et fut au nombre des membres de la noblesse choisis pour rédiger les cahiers de son ordre. Assiégé dans son château du Vau et fait prisonnier par les ligueurs en 1589, il reçut une ample compensation de la part d'Henri IV. Ce fut lui qui, en qualité de lieutenant général, présenta en 1590 les clefs de la ville à M. de Lavardin nommé gouverneur du Mans et pays du Maine.

(1) Par une lettre du 8 novembre 1569 au vidame du Mans, gouverneur du Maine, le roi avait chargé M. de Rambouillet de licencier ses soldats, à savoir les trois cents hommes qui avaient été préposés à la garde du Mans et de remettre les villes de son gouvernement à la garde de leurs bourgeois et habitants. Grâce à la paix de Saint-Germain, cet état de choses, on le voit, se continuait encore au moment où fut écrite la lettre du maréchal de Cossé.

recours aux voies judiciaires pour punir ceux qui y ont
contrevenu et les factieux, mais abstention de tout acte
arbitraire, défense de tirer aucune rançon des protestants,
observation de l'édit de pacification, qui a amnistié ceux
qui ont simplement porté les armes, et a décrété l'oubli du
passé, tels sont en résumé les ordres donnés par le gouverneur du Maine au lieutenant général Jacques Taron.

Dans certaines villes, au lendemain de la Saint-Barthélemy,
les protestants n'avaient échappé à la prison qu'en étant
rançonnés, ou plus tard n'avaient été mis en liberté que
moyennant rançon (1). La recommandation de Cossé n'était
donc pas inutile. Peut-être pourra-t-on, en entendant parler
de *rançons*, être tenté de croire que d'assez nombreux protestants étaient alors prisonniers au Mans. Je ferai remarquer
cependant que la lettre de Cossé ne donne pas formellement
à entendre que ceux qui avaient pu être menacés d'être
rançonnés fussent détenus en prison. Taron ne l'a consulté
non plus que sur trois prisonniers seulement. Quant aux
factieux, Cossé semble plutôt les *définir* en vue de mesures
à prendre contre ceux qu'il range dans ce nombre, qu'eu
égard à des mesures déjà prises. Il adresse sur ce point au
lieutenant général une réponse doctrinale à une consulta-
tion juridique, comme celle qu'un procureur général de nos
jours adresse à un membre du parquet d'un tribunal sur
une question contentieuse.

En somme, si cette lettre laisse présumer qu'un certain
nombre de protestants ont pu être privés de leur liberté,

(1) A Angers, le 30 août, lorsque l'assemblée de ville voulut essayer de
faire cesser le désordre elle fit défense aux soldats logés dans les maisons des
huguenots de piller ou rançonner leurs hôtes. Le 5 septembre, le duc
d'Anjou ordonnait aux échevins d'Angers, de garder prisonniers au château
les protestants arrêtés, « jusques à ce que l'on sache quels y sont et s'ils
scavent quelque chose de la conspiration ». Il les approuvait fort d'avoir
fait mettre leurs biens sous la main du roi. A la fin de septembre la plupart
des prisonniers furent mis en liberté, mais on avait compté des victimes
parmi eux. — M. E. Mourin, *La Réforme et la Ligue en Anjou.* p. 115,
118, 121.

elle montre que, jusqu'au 8 octobre, on s'était abstenu de
de toute autre mesure excessive à leur égard, et qu'au lieu
de procéder contre eux avec une rapidité de mauvais augure,
on avait voulu en référer au gouverneur de la province,
dont la réponse fut à la fois inspirée par la modération et
par le pur respect des ordres du roi.

Bientôt Charles IX lui-même, par ses lettres patentes du
28 octobre, ordonnait à tous les gouverneurs de province,
officiers de justice de prendre en leur garde et protection
tous ceux de la nouvelle opinion, et, ajoutait-il, « si aucuns
citoyens estoyent détenus prisonniers, molestez ou empes-
chez ou leurs biens saisis, qu'ils soyent mis à pleine et entière
délivrance (1) ».

Avant cette date, le jour même où le maréchal de Cossé
adressait au Mans la curieuse lettre du 8 octobre, le roi, de
son côté, lui écrivait de Paris relativement aux événements
qui s'étaient passés dans son gouvernement (2). Il avait reçu,
disait-il, la nouvelle que depuis que le maréchal était parti
pour son gouvernement (3), des meurtres et pilleries avaient
eu lieu dans différentes villes. (Le Mans ne figure pas parmi
elles.) Il était étonné de cet état de choses, voulait qu'on
laissât vivre en paix ceux de la nouvelle religion, et chargeait
le maréchal « de faire roide punition » des auteurs de ces

(1) Voir ces très intéressantes lettres patentes du 28 octobre dans les
Mémoires de l'Estat de France, t. I, p. 417 et suiv. Ces dispositions se
trouvent déjà du reste dans le mémoire du 22 septembre, qui avait eu aussi
pour but dans sa *dernière partie*, moins connue, de rassurer les
protestants.

(2) « A mon cousin le maréchal de Cossé, de Paris, ce VIIIe octobre 1572. »
Bibliothèque nationale, ms. f. fr. n° 3256, f° 1. Lettre signée du roi et du
secrétaire Brulard. Je dois à l'obligeante communication de M. Bertrand,
la connaissance du texte de cette lettre.

(3) On a vu que le 11 septembre Cossé était dans son gouvernement à
Orléans. Cela prouve qu'il ne faut pas croire sur parole les ambassadeurs
vénitiens écrivant, le 5 septembre, que le roi a envoyé les gouverneurs de
province dans leurs gouvernements, mais qu'il garde auprès de lui les
maréchaux de Cossé et de Tavannes. M. de La Ferrière, *Le XVIe siècle et
les Valois*, 1879, p. 322. — Le roi, du moins, avait changé d'avis depuis le 5.

« mauvais actes ». « Ma volonté, dit-il, n'a jamais été autre que conserver et maintenir mes subjects tant de la nouvelle opinion que autres *qui se contiendront doulcement* et satisferont aux commandemens que vous avez eu charge de leur faire de ma part et aussi de faire pugnir les *meschans* qui feroient le contraire (1). »

Le roi, s'efforçait, on le voit par ses ordres, de contenir toutes les passions populaires et de mettre fin au désordre. Il éprouvait la vérité du mot de Brantôme : « Il ne fait pas bon de déchaîner un peuple, car il est assez prest plus qu'on ne veut. » Les meurtres continuaient dans certaines villes, où les populations étaient mal contenues par les magistrats. Le sang coula encore à Bordeaux le 3 octobre, le 27 à Poitiers. Les ambassadeurs de Toscane écrivent qu'à Orléans même, au mois d'octobre, on craignait encore de nouveaux excès, par suite, non pas de l'effervescence religieuse, mais de la soif de l'or et de la vengeance.

Si le 28 octobre les lettres du roi, dont je viens de parler, enjoignaient de donner protection aux protestants contre ceux qui les molestaient, d'un autre côté les catholiques avaient obtenu, un mois auparavant, une grande satisfaction pour leurs intérêts et leurs sentiments, grâce à un mémoire du 22 septembre adressé à tous les gouverneurs des provinces, par lequel le roi, considérant combien ses officiers de justice ou gens de finances, étant de la nouvelle opinion, seraient suspects à ses sujets de la Religion catholique et leur inspireraient de grandes défiances, pensant que cela pourrait ramener au peuple nouvelle occasion de s'émouvoir, et désirant obvier à de nouveaux troubles, avisait de

---

(1) Le roi termine sa lettre en disant qu'il a été informé par M. de Prie que ceux qui avaient exercé des pilleries à Tours s'étaient mis à piller aux champs. Il ordonne au maréchal de les faire « tailler en pièces ». — Chalmel, *Histoire de Touraine*, t. II, p. 372, a attribué le calme de la province à cette époque à l'esprit conciliateur, aux principes de sage modération et à la fermeté de ce René de Prie, lieutenant général au gouvernement de la province. — Il existe deux lettres écrites de Tours au maréchal de Cossé par M. de Prye, les 6 et 15 octobre 1572.

faire *déporter* et démettre les dits officiers de l'exercice de
leurs offices, jusqu'à nouvel ordre, encore qu'ils abjurassent
la dite religion. Charles IX assurait toutefois ceux qui rentre-
raient au sein de l'Eglise catholique, qu'il l'aurait pour très
agréable « et ne les exclurait de se servir d'eux à l'avenir, mais
les pourvoirait plus tard, selon qu'ils le mériteraient (1) ».

Ces lettres atteignaient le lieutenant particulier du Mans
Jean de Vignolles, que nous avons vu quelques jours plus
tôt stigmatisé du nom de *factieux* par le maréchal de Cossé
lui-même, qui avait donné l'ordre de l'arrêter prisonnier et
d'instruire son procès. Mais Jean de Vignolles devait échapper
tout à la fois aux dispositions de l'édit du 22 septembre et à
l'exécution des ordres donnés par Cossé.

Se sentant sérieusement menacé, il avait eu recours aux
extrêmes moyens de salut. Le cardinal de Rambouillet venait
d'arriver de Rome. Bien qu'il ne fut pas encore rentré dans
son diocèse, Vignolles alla faire abjuration entre les mains de
l'évêque du Mans, soit à Rambouillet, soit à Paris qui était
son pays d'origine (2). Toutefois, ce retour au giron de
l'Eglise catholique ne suffisait pas pour le maintenir en sa
charge de lieutenant particulier, puisque l'édit du 22 septembre privait de l'exercice de leurs offices ceux-là même
qui avaient abjuré. Chose curieuse, il eut recours à la protection du cardinal et à celle de son frère, Nicolas d'Angennes,
qui, chose plus surprenante encore, voulurent bien lui
servir de garants et de chaperons auprès du roi.

D'après le bon témoignage du cardinal de Rambouillet et
de son frère le sénéchal, le considérant comme demeuré
digne envers le roi de singulière recommandation, et, vu son
abjuration entre les mains dudit cardinal, Charles IX lui
continua l'exercice de son office de lieutenant particulier,
par exception toute spéciale à son égard et dérogation à

(1) *Mémoires de l'Estat de France*, t. I, f° 301.

(2) Voir dans les *Mémoires de l'Estat de France*, t. I, f° 303, la formule
d'abjuration d'alors.

l'édit du 22 septembre, « le tenant et réputant pour bon subject et digne serviteur uny en nostre religion ». En conséquence silence était imposé au procureur général, et défense faite à tous officiers de le molester. Le maréchal de Cossé gouverneur de la province, à qui furent adressées ces lettres de rétablissement de Vignolles, signées du 14 octobre, était tenu de souffrir et laisser jouir et user le dit Vignolles, cessant et faisant cesser tous troubles et empeschements au contraire (1).

Le maréchal de Cossé ne fut pas le seul étonné de ce rétablissement du chef des séditieux de 1562 à la tête de la justice dans le Maine. Si cette réintégration devait avoir lieu « au contentement de la noblesse de la province », ainsi que le disent les lettres du roi, il ne devait pas en être de même auprès des magistrats du Mans, collègues du lieutenant particulier.

Vignolles, remis en son état par le sénéchal, M. de Rambouillet, sans vouloir donner aux gens du roi ni à ceux de la ville communication des lettres patentes qui le rétablissaient dans son office, bien loin d'entendre les accusations portées contre lui en vertu de la commission donnée par le maréchal de Cossé « voulait triumpher en la justice par le support de Messieurs de Rambouillet au grand préjudice du pays ». Le président du présidial du Mans, à qui avait été donné par Cossé commission d'instruire contre lui, connaissait seulement par oui dire les lettres de rétablissement que Vignolles triomphant disait lui avoir été octroyées par le roi ; ilne savait quelle conduite tenir et se trouvait dans une grande incertitude. « Je ne sais quel moyen je dois détenir, de peur d'être veu dissimuler pour le service du roi », écrivait-il au maréchal de Cossé, le 28 octobre, en le priant de le tirer d'embarras (2).

(1) La lettre de rétablissement de Vignolles a été publiée par M. Bertrand, *Documents sur le XVIe siècle dans le Maine,* d'après le ms. 3216, fo 12 du f. fr. de la Bibliothèque nationale.

(2) Cette lettre de Jean Le Pelletier a été publiée par M. Bertrand, *ut suprà,* d'après le no 3217, fo 60 des mss. de la Bibliothèque nationale.

Cossé n'eut autre chose à faire qu'à lui donner connaissance de la lettre du roi du 14 octobre qui rétablissait Vignolles dans son office. Les magistrats Manceaux durent s'incliner devant la volonté royale et Vignolles, l'ancien détrousseur de la cathédrale, des couvents des Cordeliers et des Jacobins du Mans, siégea de nouveau et pendant longtemps encore à la tête de la justice du Maine (1).

Nous manquons de renseignements sur les autres possesseurs des offices de juridiction du Maine qui pouvaient appartenir à la religion réformée. Toutefois les bas officiers étaient exemptés, par l'édit du 22 septembre 1572, de l'abandon de leurs charges. Sa Majesté permettait à ceux qui étaient pourvus de ces menus états et offices de les continuer, pourvu qu'ils abjurassent la nouvelle religion. Il dut y avoir en conséquence un certain nombre d'abjurations dans le Maine à cette époque, tant en vertu de cette disposition que des invitations plus générales adressées aux protestants pour les faire revenir au catholicisme. Je ne trouve néanmoins à en citer qu'un petit nombre, celle du bailli de Fresnay, Jean Le Roi, qui, venu au Mans pour abjurer, mourut de mort subite en cette ville le dernier jour d'octobre 1572 et celle de Gaucher de Mellay, sieur de Cerisay, beau-frère du ministre Pierre Merlin, que les registres de Fresnay nous font également connaître : « Le sabmedi 25ᵉ d'octobre mourut M. de Mellay, sieur de Cerisay, au lieu de la Bussonnière, près Beaumont, au retour du Mans où il étoit allé faire profession de foy suivant les ordonnances » (2).

(1) Le mémoire du 22 septembre 1572, en même temps qu'il éloignait de leurs charges les magistrats protestants, statuait contrairement aux lettres du 24 août, qu'aucune recherche des choses faites pendant les troubles avant la paix de Saint-Germain, d'août 1570, ne devait avoir lieu, qu'aucun protestant ne devait être molesté pour cela, que ceux qui avaient été pris prisonniers devaient être mis en liberté. De sorte que Vignolles, couvert par cette déclaration, jouissant du bénéfice de l'édit de Saint-Germain, ne pouvait plus être poursuivi.

(2) M. Leguicheux, *Chroniques du canton de Fresnay*, p. 206 et *Inventaire des Archives de la Sarthe,* t. Iᵉʳ, p. 202. — Le voyage du Mans ne

Quant à des abjurations générales , à celles qui se se
firent dans plus d'une localité lors du *Jubile* accordé par
le pape Grégoire XIII à son avènement, je ne connais pour
ma part, que ce qui eut lieu à Fresnay. Le 2 novembre il y
eut dans cette ville un *Jubilé* où tous les huguenots et
huguenotes de la ville, après avoir abjuré et fait profession
de foi, retournèrent au giron de l'Eglise et reçurent le *Corpus
Domini* avec les autres catholiques (1).

A cette époque du mois de novembre la période de temps
qui, si je puis dire, relève de la Saint-Barthélemy est close et
terminée, et j'en ai fini pour ma part avec cette étude sur le
sort des protestants dans le Maine au lendemain de la Saint-
Barthélemy, laissant à d'autres le soin d'apporter à leur tour
leur contingent de documents (2). Si j'ai commis quelque
erreur chemin faisant, que ceux à qui l'on pourra devoir un
jour le couronnement de l'édifice veuillent bien me par-
donner, en se souvenant que j'y aurai mis la première pierre.

portait pas bonheur aux protestants de Fresnay. — Le nombre des huguenots de cette ville faisant partie du duché de Beaumont, trouve son explication dans ce fait que le duché de Beaumont, comme La Flèche, comme
le Vendômois, appartenaient à la reine de Navarre Jeanne d'Albret et à
son fils. — Les registres des paroisses du Mans de 1572, que j'ai consultés,
ne contiennent aucuns renseignements sur les abjurations, ni sur les
événements de ce temps. Les événements de 1562, de 1577 et de 1589, ont
au contraire laissé des traces dans quelques uns de ces registres.

(1) M. Leguicheux, *Chroniques du canton de Fresnay*, p. 206, et *Inventaire des Archives de la Sarthe*, t. Ier, p. 202, *ibid.* —Voir aussi *Mémoires
de l'Estat de France*, t. I, p. 398, l'édit du 16 octobre, au nom du roi de
Navarre, pour abolir la religion réformée en ses pays.

(2) Un mot avant de finir sur M. de Cossé. On voit, dans un des derniers
mois de 1573, M. le procureur de ville du Mans aller au nom de la ville
vers M. le maréchal de Cossé gouverneur. C'est peut-être la dernière trace
qu'on trouvera de son immixtion dans son gouvernement du Maine. Il ne
tarda pas à être mis à la Bastille, comme un des principaux chefs du parti
des *politiques*. Après sa sortie de prison, on rencontre moins souvent son
nom dans l'histoire, ce qu'explique son âge avancé Il mourut le 15 janvier 1582. « Il y avait cinq ans alors que la Touraine, le Maine
et l'Anjou étaient séparés de son gouvernement, parceque le roi avait
donné ces provinces à son frère par accroissement d'apanage et que le
duc d'Anjou avait nommé pour chacune un gouverneur particulier ». De
Thou, *Histoire universelle*, t. VI, p. 151.

Il me reste à expliquer comment la précieuse lettre du maréchal de Cossé, que j'ai fait connaître, a survécu seule à la destruction, qui a frappé toutes les autres lettres et pièces du même temps, contenues naguères dans les archives de la ville du Mans.

Ce n'est pas dans ces archives qu'elle s'est conservée, mais bien dans celles du Chapitre de Saint-Julien. Entrée ensuite, après la Révolution, dans la Bibliothèque de la ville du Mans, elle a été rangée dans ces derniers temps dans la partie de ses manuscrits désignée sous le nom d'Archives municipales; c'est là qu'elle se trouve aujourd'hui.

Comment cette lettre s'est elle trouvée placée dans les archives du Chapitre? L'explication de ce fait va me fournir l'occasion de citer encore une assez curieuse lettre du mois d'octobre 1572, relative à un des plus tristes personnages de l'histoire du protestantisme dans le Maine et dans l'Anjou à cette époque du XVIᵉ siècle.

Le jour même où le maréchal de Cossé envoyait de Gien sa lettre au lieutenant général du Mans, le mercredi 8 octobre, on amenait prisonnier dans les prisons d'Angers un des plus éhontés pillards, qui, en 1562, avaient dépouillé de ses trésors et de toutes ses richesses artistiques la vieille cathédrale du Mans. C'était René de la Rouvraye, sieur de Bressault, pour qui la nouvelle religion n'était qu'un prétexte pour satisfaire sa soif insatiable de butin. Apre à la curée, il était accouru au Mans en 1562, après la prise de la ville par les protestánts, prendre sa part des dépouilles de l'église Saint-Julien. J'ai indiqué moi-même naguères son rôle à cette époque (1). Les « habits de soye » de la cathédrale, dont s'était chargé l'official, furent butinés par quelques particuliers dont le chef était Bressault, a dit Bèze luimême. J'ai cité en effet une pièce énumérant près de cent

____

(1) Voir Recueil de pièces inédites pour servir à l'histoire de la Réforme, *Annuaire* 1867, p. X, *Annuaire* 1868, p. XVI et XXXIV.

chappes, chasubles ou parements de l'église du Mans volés par lui (1).

Après avoir quitté le Maine, et être allé en Normandie rejoindre Montgommery qu'il abandonna ensuite pour se retirer à Caen auprès du duc de Bouillon (2), Bressault avait poursuivi pendant dix ans sa vie de pillages, de meurtres et de méfaits de tout genre, que vient de raconter d'une façon fort intéressante M. André Joubert (3) qui doit prochainement reprendre et compléter au point de vue local cette étude sur ce terrible chef de bandes, pour ne pas dire de bandits.

Le 8 octobre 1572, il était enfin arrêté pour avoir assailli la maison seigneuriale du seigneur de Magnannes, son suzerain, et amené prisonnier dans les prisons d'Angers ; son procès était aussitôt commencé.

Cette grande nouvelle ne tarda pas à se répandre au Mans, et le Chapitre de Saint-Julien s'empressa d'intervenir au procès dans l'espoir de tirer quelque dédommagement de ses pertes, et de recouvrer tout ou partie des « châsses, reliques, calices, chappes, chasubles, parements d'autels, tunicques, tapisseries et autres vaisseaulx, bagues, joyaulx et ornements d'église », qu'avait butinés Bressault.

Un de Messieurs du Chapitre de Saint-Julien s'empressa de se rendre à Angers où il ne tarda pas à écrire la lettre que voici, lettre vivante, beaucoup plus curieuse que toutes les pièces de procédure contenues d'ordinaire dans les sacs de procès, et au milieu desquelles elle est elle-même parvenue jusqu'à nous.

---

(1) « S'en suyt la description et inventaire de partie des chappes et ornemens que Bressault volla et pilla. » Archives municipales du Mans.

(2) Bèze, *Histoire ecclésiastique*, t. II, p. 74. M. Le Hardy, *Histoire du Protestantisme en Normandie*, p. 119, 130, 135, 223. La Ferrière, *La Normandie à l'étranger*, p. 150.

(3) *Un épisode des guerres de Religion, René de la Rouvraye, dit le Diable de Bressault*. Extrait du *Correspondant*, 1880.

A MESSIEURS LES DOYEN, CHANOINES ET CHAPPITRE
DE L'ÉGLISE DU MANS, AU MANS.

« Messieurs, à ce que vous ayez promptement et en extrème
diligence suyvre l'affaire pour la quelle je suis par decza,
j'ay bien voulu vous advertir comme la partie fut vendredy
dernier menée à la chambre où estoint tous M^{rs} assemblez,
les quels ont receu lectres du Roy et de Monsieur portans
commandement de faire et parfaire le procès de la dite
partie, laquelle estant venue en la dite chambre, comme
dessus, fut interrogée si elle vouloit respondre sur les charges
et informations qu'ils avoint contre elle, qui respondit que
non et qu'elle les avoit tous pour suspects. Et de fait bailla
causes de récusation contre la généralité, qui ont esté décla-
rées inadmissibles. Et sont trois commissaires députez de
leur compaignye pour faire et parfaire son procès, qui sont
Messieurs le lieutenant criminel, de la Bryzardyère et
Jousselyn, les quelz ne sont paresseux en ce négoce (1).
Hier après mon arrivée furent presentées, vos informations
et receues, et la partie interrogée sur icelles, qui respondit
que cela dépendoit de l'édit et que n'estions recepvables.

Toutesfois j'ay tant faict que la matière est contestée, ainsi
que verrez par le mandement que vous envoye, afin que,
suyvant la bonne volunté en laquelle vous ay congneuz pour
ceste affaire, vous ayez à promptement envoyer l'un de notre
compagnie ou aultre, qui amène tesmoings pour estre con-
frontez à la d. partie et qu'ils se remémorent s'ilz ont point
veu la d. partie commander en notre ville, ce qui se trouvera facilement. Mais pour néant avez commencé et conti-

(1) Le lieutenant criminel Pierre Ayrault, le célèbre *Pierre qui ne rit
point* est suffisamment connu. Le sieur de la Brissardière, François
Boylesve, lieutenant de la prévôté, avait déjà été pourvu d'une commission
en 1562 pour informer contre les huguenots. Louvet cite sa femme parmi
les dames d'Angers qui ont arboré le chaperon de velours. — Lorsque
l'arrêt de condamnation de Bressault lui fut lu dans la chapelle de la prison,
on trouve présents le lieutenant criminel et les deux conseillers au présidial René Gohin et René Juffe.

nuerez si vos tesmoings ne sont icy dès mercredy au soir
ou jeudy au matin prochain (1). De ma part j'ay bonne
espérance qu'on en pourra retirer quelque chose, du moins
on me donne espérance de m'apprendre qu'est devenu notre
parement qui est encores en essence. Je m'en voys monter
à cheval pour tenter si j'en pouray scavoir davantage et
m'informer du moyen qu'il faudra tenir pour le recouvrer
et aultres choses que nous pourons apprendre estre en
essence, pour incontinent après me rendre avec vous (2).
Cependant très humblement à toutes vos bonnes graces me
recommande, priant Dieu,

Messieurs, qu'il vous donne [part] aux siennes et en
santé bonne vie et longue.

D'Angers, ce 19 octobre 1572.

V^{tre} très humble et obéissant confrère
et serviteur,

JULIAN JAMYN (3).

Advertissez ceulx qui viendront de s'adresser à M. Beaufaict,
advocat à ce siége, auquel j'ay adressé votre affaire et laissé
votre procuration et *retirez une copie de la lectre que M. le
maréchal de Cossé a envoyée à M. le lieutenant pour déclarer
comme il faut entendre ces termes « séditieux et factieux »*
et l'envoyez par decza. Boutier a la dite lettre.

Au Puys rond, près St Mainbœuf, M. Beaufaict. »

(1) Ces témoins furent interrogés aù Mans ; mais nous ne possédons que
leurs noms sans leurs dépositions.

(2) Il est probable que le zélé chanoine ne tarda pas à recouvrer quelque
parement d'autel, chappes ou chasubles de l'église Saint-Julien (on voit
par les dépositions des témoins entendus à Angers que Bressault en avait
vendu ou déposé dans cette ville); car on lit dans les registres du Chapitre du Mans, à la date du 5 novembre : « Dominus Procurator noster
profiscatur et vadat ad Andegavum pro agendis nostris ; ducat duos equos
cum uno pedestre ».

(3) Le 13e registre des Insinuations ecclésiastiques, 1569-1572, Archives
de la Sarthe, G. 341, nous apprend que Me Julian Jamyn était un des curés
de l'église du Pré.

On peut comprendre maintenant quel intérêt le correspondant du Chapitre de Saint-Julien attachait à la lettre du maréchal de Cossé, arrivée au Mans peu de temps avant son départ et qui, comme on le voit, avait fait du bruit dans la ville.

Conformémént aux lettres du roi du 28 août, Cossé avait compris « sous le mot de factieux ceux qui avaient été capitaines et avaient eu commandement et fait entreprise pour surprendre les villes et places du roi ». D'après les lettres royales du 28 août, les protestants qui avaient été chefs ès guerres civiles, et avaient exercé un commandement pour ceux de la religion pouvaient être retenus prisonniers et restaient ainsi placés en dehors du bénéfice de l'édit de pacification de 1570. Le Chapitre de Saint-Julien pour figurer *utilement* au procès, était intéressé à présenter Bressault comme ne pouvant se mettre sous le couvert de l'édit et de l'amnistie qui en résultait ; son mandataire à Angers avait compris tout l'intérêt que lui offrait dans ce but la lettre du maréchal de Cossé, et avait invité ses confrères à la lui transmettre au plus vite.

Le Chapitre se hâta de la lui envoyer. La copie qu'il lui adressa est contre-signée du lieutenant général Jacques Taron lui-même (à qui demeura l'original) et de Boutier (1). C'est dire qu'elle est on ne peut plus authentique ; c'est elle que j'ai reproduite au cours de cette étude.

La peine qu'avait prise le Chapitre fut inutile. Le 22 septembre, afin de rassurer les gentilshommes protestants, le roi était revenu sur les dispositions restrictives de ses lettres du 28 août. Il déclarait qu'il entendait qu'il ne fut fait aucune recherche des choses faites et passées durant les troubles ayant précédé l'édit de pacification du mois d'août 1570, qu'aucun ne fut molesté en sa personne ou ses biens, et que tous jouissent du bénéfice de l'édit. Aussi

---

(1) François Boutier, clerc et greffier de la ville, et en outre notaire en la cour royale du Mans.

Bressault avait-il répondu que ses actes de 1562 « dépendaient de l'édit », et que le Chapitre de Saint-Julien n'était pas « recevable ». La cour lui donna gain de cause sur ce point. Maigre consolation pour lui, qui fut justement condamné à avoir la tête tranchée pour des crimes de droit commun et postérieurs à l'édit de 1570 ; mais véritable insuccès pour le Chapitre, qui, en considération des édits de pacification, fut mis hors de cour et de procès sans dépens, ainsi que les autres habitants du Maine intervenus au procès de René de la Rouvraye (1).

Mais je ne veux pas m'étendre plus au long sur Bressault. Sachant que M. Joubert se propose de revenir sur son compte, je me suis empressé de lui signaler le dossier de son procès, que le Chapitre de Saint-Julien conserva dans ses archives jusqu'à la révolution. En revoyant, à son intention, mes notes sur ces pièces que j'ai dépouillées en 1867, j'ai retrouvé parmi elles la lettre du maréchal de Cossé et celle du chanoine de Saint-Julien, dont les copies reposaient dans mon cabinet depuis bientôt quinze ans et c'est leur lecture qui m'a conduit à écrire cette étude sur les protestants dans le Maine en 1572 Chacun peut se rendre compte maintenant que si le Chapitre de Saint-Julien n'était pas intervenu au procès de Bressault, nous ne posséderions pas aujourd'hui le seul document vraiment curieux que nous ayons sur le sort des protestants au Mans au lendemain de la Saint-Barthélemy. C'est là un résultat de son intervention auquel il ne songeait certes pas au mois d'octobre 1572.

H. CHARDON.

(1) C'étaient Jehan de Champagne, baron de Parcé, le curé de Saint-Pierre de Parcé, un religieux de Beaulieu, François Marquis, marchand au Mans, Me Jehan Vivier, noble homme Charles de Montreux, mari de damoiselle Jehanne Esnault.

[Extrait de la Revue historique et archéologique du Maine.]

Mamers. — Typ. G FLEURY et A. DANGIN. — 1881.

NOTES ET ADDITIONS

Depuis que cette notice a été imprimée pour la première fois dans la *Revue historique et archéologique du Maine*, tome VIII, p. 284 et suiv., 1880, j'ai compulsé aux Manuscrits de la Bibliothèque nationale la correspondance adressée au maréchal de Cossé, tant par le roi, que par les autres personnes de la cour, ou par les lieutenants généraux des diverses provinces de son gouvernement, à l'époque qui a suivi la Saint-Barthélemy.

En l'absence de lettres inédites de cette correspondance ayant trait au Maine, je reproduis ici deux lettres du roi au maréchal de Cossé, ayant un caractère général, et ayant reçu dès lors leur exécution dans le Maine, comme dans les autres parties du gouvernement du Maréchal. J'y joins quelques lettres de M. de Prie, lieutenant général à Tours, au maréchal de Cossé, qui permettent de voir quel était l'état des esprits et quelles furent dans cette région les mesures prises à l'égard des protestants ; on peut en induire par analogie ce qui dut se passer dans le Maine. En dehors des lettres que je cite, celles qui sont adressées alors à Cossé, et dont j'ai · parlé dans cette notice, n'offrent pas grand intérêt pour l'histoire de la période qui suivit la mort de l'amiral et de ses coréligionnaires ; elles se rapportent plutôt à des questions de détails ayant trait au gouvernement du maréchal.

Voici d'abord une lettre du roi, du 24 septembre, écrite à l'occasion des scènes sanglantes dont Rouen avait été le théâtre le 17 et le 18 du même mois, et ayant pour but d'en prévenir le renouvellement dans d'autres villes (1).

« Mon cousin, j'ay entendu que le peuple de ma ville de Rouen s'est puis quelques jours assemblé et par force et violence a rompu les prisons où estoient aucuns de la nouvelle opinion, quelque resistance et empeschement que ayent pensé mectre ceux de ma court de parlement et autres mes officiers, et en icelle tué les dits prisonniers ou la plus grande partie et quelques avec aussy qui estoient en la dite ville. Et d'aultant que ceulx des autres villes se vouldroient possible servir de l'exemple et faire de mesme en leur endroict, ce que vous savez estre directement contre mon voulloir et intencion, comme je l'ai assez donné à congnoistre par la déclaration que j'ay naguères faicte pour le regard de ceux de la nouvelle opinion, je vous prye incontinent la présente receue faire faire de rechef expresses deffenses à toutes personnes de quelle qualité et condition qu'elles soient de tuer, piller et saccager en aucune sorte que ce soit, soubz coulleur et prétexte de la relligion, ny enprisonner aucun si ce n'est par ordonnance de justice, à peyne contre ceulx qui y contreviendroient d'estre pugnys de mort sur le champ et sans autre forme de procès. A l'exécution de quoi vous tiendrez très-estroitement la main, sans permettre qu'il y soit usé d'aucun commerce ni dissimulation et ferez semblablement scavoir à tous gentilshommes et autres de la nouvelle opinion qui se seroient par craincte et doubte des choses passées absentés de leurs maisons et demourances de s'y retirer, avecque asseurance d'y estre conservez et gardez contre toute injure, force et violence ; et à ceste fin s'ils ont besoing de sauvegarde et ils la requèrent, leur en octroyez en si bonne forme qu'ils s'en puissent asseurer et demeurer en repos. Déclarant au surplus que mon intencion n'est que l'édit dernier faict sur la ratiffication des troubles soit aucunement enfraint ny violé, ains qu'il demeure en son entier, excepté toutesfoys pour le regard des presches et assemblées que je veulx estre révocquéez et interdictes pour les maulx et inconveniens qui en sont advenus et à la fin de ramener, et moiennant la grâce de Dieu, tous mes subjets en une mesme religion et telle qu'a esté toujours recongneue et observée en ce royaume, comme le seul moyen de rétablir la paix qui y est nécessaire. Priant

(1) Voir Soldan, *La France et la Saint-Barthélemy*, p. 92 ; M. de La Ferrière-Percy, *La Normandie à l'étranger*, p. 208, etc., etc.

Dieu, mon cousin, vous avoir en sa sainte et digne garde. Escript à Paris, le xxiiiie jour de septembre 1572.

(Signé) CHARLES.

Et plus bas, PINART (1).

Voici en entier la lettre du roi, du 8 octobre, dont je n'avais donné qu'une courte analyse, et qui est bien spéciale au maréchal de Cossé :

« Mon Cousin,

Quant vous partistes d'auprès de moy, vous fustes bien informé de mon intencion tant par les instructions qui vous furent baillées par escript que ce que je vous en dis de bouche, et toutesfois je suis adverty de plusieurs meurtres, pilleries et rançonnemens qui ont esté faicts à Tours, Bloys, Vendosme et Amboise et au plat pais d'alenviron, depuis que vous estes en vostre gouvernement ; chose dont je reçoiz avec juste occasion un très-grand mescontentement et de veoir par ce moien mes conmandemens ainsi mesprisés. A cause de quoi je vous faicts ce mot de lectre, pour vous dire que je trouve bien estrange que tels meschans actes se soient executés sans que vous en ayez faict faire quelques pugnictions, veu que vous avez deu bien cognoistre le déplaisir que j'en puis recevoir, vous priant que si vous eussiez oncques envie de monstrer la bonne affection que vous avez à mon service, comme elle m'est assez cogneue (2), vous faictes faire par tous les bons moyens qui vous seront

(1) Bibliothèque nationale, mss. du F. Fr. n° 3217, f° 12 : « A mon cousin le comte de Secondigny, mareschal de France, gouverneur et mon lieutenant général, es provinces d'Orléans, Touraine, le Mayne et pays Chartrain. »

Une lettre analogue à celle-ci, qui a le caractère d'une circulaire, fut adressée à la même date, à M. de Matignon, lieutenant général en Basse-Normandie. Voir aussi M. de la Ferrière-Percy, *La Normandie à l'étranger*, p. 208.

(2) On voit que cette lettre impute à Cossé, qu'on a dépeint comme favorable aux protestants, d'avoir plutôt laissé commettre des excès par les catholiques dans son gouvernement. Le dévouement du maréchal n'était pas suspect au roi, qui lui reprochait seulement son avarice, à propos de laquelle Brantôme a écrit un de ses plus curieux chapitres. V. Brantôme, t. IV, p. 352, *Vie des Grands Capitaines*, partie II, chapitre V, édition de la bibliothèque elzévirienne, publiée par Mérimée et M. Louis Lacour.

possibles une bien roide pugnicion des sus dits mauvais actes, et que la première nouvelle que j'auroy de vous ce soit que j'aye esté obéy en cela; car autrement j'aurois occasion de penser que l'on seroit bien aise de souffrir et laisser passer impugnies telles meschancetés, pour essaier de me remectre et mon roiaulme en de nouveaux troubles, en mectant par tels moïens tous mes subjects au désespoir contre ma volunté, qui n'a jamais esté autre que de conserver et maintenir mes subjects, tant de la nouvelle opinion que autres, qui se contiendront doulcement et satisferont aux commandemens que vous avez eu charge de leur faire de ma part, et aussi de faire pugnir les meschans qui feroient le contraire. Vous priant encore un coup pour la chose de ce monde que j'ay le plus à cueur que vous faictes faire un bong chastiment des susdicts mauvais actes. Je vous ay voullu escripre cette lestre de ma propre main, affin que ma volunté vous soit bien cogneue et que vous aiez plus de soing de la faire mectre à exécution, tant pour ce qui est jà survenu de mal en vostre gouvernement que pour en garder qu'il n'en advienne plus par cy après. Et sur ce, je supplie le Créateur qu'il vous ait en sa sainte garde; de Paris, ce viiie octobre 1572.

J'ay eu nouvelles du s^r de Prie que ceulx qui ont exercé les pilleries à Tours se sont mis à aller aux champs. Je vous prie que vous envoyez une partie de vostre compagnie (1) pour les tailler en pieces.

(Signé) CHARLES.

Et plus bas, BRULART (2). »

En dehors de ces deux lettres, celles qui se rapportent au sort des protestants présentent un intérêt moins général.

Le roi écrit de Paris, le 26 septembre, au maréchal que, contrairement à ce qu'il lui a mandé que son intention était que chacun de ses sujets, vivant sous la grâce de ses ordonnances, fut conservé en sa maison, les soldats du capitaine Megny d'Orléans ont pillé les maisons de la dame de Tignonville, gouvernante de sa sœur la princesse de Navarre; il lui

(1) Voir Bibliothèque nationale, mss. 3217 du F. Fr. f° 61 une lettre du roi du 16 octobre, retirant la compagnie du sieur de Chavigny qui était au gouvernement du maréchal de Cossé et l'envoyant en Bretagne.

(2) Bibliothèque nationale, mss. 3256, F. Fr., f° 1.

donne l'ordre de préserver de toute oppression les terres
de la dite dame, placées sous la sauvegarde royale (1).

Son « bon cousin » Henry, duc d'Anjou, frère du roi, lui
donne l'ordre de Paris, le 21 octobre, de ne point passer
outre au jugement du conseiller Phélipeaux, prisonnier à
Blois, sur son ordre. Cossé lui avait « fait faire son procès
pour exécuter en sa personne selon les cas dont il se trouvera chargé. » Mais Phélipeaux est frère de l'un des con-
trôleurs de la maison du duc d'Anjou, qui écrit au maréchal de surseoir « jusqu'a ce qu'il ait entendu la volonté du
roi son frère. » (2).

Le roi demande à Cossé, le 4 novembre 1572, par une lettre
écrite de Vaujour, s'il faut interdire l'exercice de la religion
réformée dans la maison de l'Isle au ci - devant bailli
d'Orléans, à Blois, exercice qui a été permis à la suite « de
la conférence faite pour les plaintes de ceux de la nouvelle
religion », mais qui peut occasionner des troubles (3).

Voilà tout ce que j'ai relevé d'inédit pouvant se rapporter
aux protestants dans la correspondance adressée alors au
maréchal par le Roi ou lui venant de la cour.

Les lettres qui lui sont écrites de Tours, par M. de Prie,
lieutenant général en Touraine, à qui il est fait allusion
dans la missive du Roi, du 8 octobre, sont assez intéressantes et méritent d'être utilisées désormais par les historiens tourangeaux.

En voici quelques extraits.

Le premier forme le commencement d'une lettre écrite de
Tours, le 6 octobre par M. de Prie.

    « Monseigneur,

Je vous avois escript il y a deux ou trois jours comme tout

----

(1) Bibliothèque nationale, mss. 3217, f⁰ 29.
(2) *Ut suprà*, f⁰ 31.
(3) Bibliothèque nationale, mss. 3256, f⁰ 62.

c'estoit passé par déçà et sont à ceste heure fort paisibles
en ceste ville, Dieu mercy ; comme le seigneur de la Renau-
dière qui s'en va vers eux, il y a tousjours quelque villain
qui gronde. Encore hier, ainsi que je faisois publier ce
qu'il vous a pleu m'envoier, ceux qui gardoient une des
portes de ceste ville s'en allèrent tous, disans qu'ils ne
voulloient plus faire de garde, puisque l'on voulloit relascher
les huguenots, ce que je n'ay pas faict et ne feray, si ce
n'est votre conmandemeut et que je n'aye receu response
de celle que j'ay anvoié vers le Roy, etc., (1). »

Neuf jours plus tard, le 15 octobre, M. de Prie adresse
une nouvelle missive à Cossé :

« J'ay receu une lettre qu'il vous a pleu m'escripre, par la
quelle me mandez comme la volonté du Roy et la vostre est
de faire faire justice de ces pilleurs, à quoy je ne ferai faute.
Vray est que depuis que je suis icy ceux qui ont esté auteurs
de la sédition s'en sont tous en allez. Je ne laisse pour cela
de faire informer secrettement, ne faisant nul semblant
voulloir faire faire justice, afin de les faire retourner pour les
prendre. Vous ne fauldrez à trouver, incontinent que serez
de par decà, les dites informations toutes prestes. Pour à
ceste heure il n'est plus nouvelles de pilleurs icy autour ; je
y ay envoyé par cinq ou six fois le prévost des mareschaux
avecq des gentilshommes que j'ay icy, mais quant ils ont sceu
cela, ils se sont retirez ès maisons de quelques gentilshommes qui leur donnoient main forte pendant qu'ils
pilloient et retiroient leur butin ; de quoy je fais pareille-
ment informer. Par la dernière lettre que j'ay recceu de sa
Majesté, il me commande mectre en liberté ceulx de la nouvelle oppinion qui estoient en prison en ceste ville, *fors
ceux qui se trouveroient avoir esté factieux.* Je suis après à
faire informer de ceux là pour les retenir en prison jusques
à ce que j'aye sur ce entendu la volonté du Roy et la vostre.
Quant aux aultres, je les laisserai aller. Pour le jour d'huy
tout est bien paisible en ceste ville ; touteffois ont grand
doubte d'estre pugnis de ce qu'ils ont faict, conme il ne
peuvent faillir, ayant mis si mauvais ordre. Pour empescher
que icelle sédition ne soit advenue, j'ai trouvé M^rs de la ville
les plus gens de bien, qui mouront plus tost que de souffrir
faire telle chose (2)...... »

(1) « A Mgr. le comte de Secondigny », Bibliothèque nationale, mss. 3217,
f° 62.

(2) Bibliothèque nationale. mss. 3217, f° 34. Au dos est écrit : « Ceste

Là correspondance adressée au lieutenant général en Basse-Normandie Mr de Matignon (Jacques de Goyon), dont j'ai parlé, présente plus d'intérêt que celle de Cossé ; elle comprend des lettres écrites dès le lendemain du 24 août, tandis que celle du maréchal de Cossé n'en renferme pas de cette époque, ce qu'explique son séjour à Paris d'où il ne s'éloigna que dans le cours du mois de septembre. Je compte prochainement la publier, avec des renseignements sur le sort des protestants à Alençon et dans le département de l'Orne actuel. Voici cependant deux lettres de cette correspondance, que je reproduis dès aujourd'hui, à cause du piquant intérêt de la dernière, aussi curieuse pour l'histoire de l'imprimerie que pour celle du protestantisme.

La reproduction de la première a surtout pour but de faire comprendre la seconde. Cette première lettre du Roi a été écrite le 26 août, et cependant elle avait déjà été précédée d'une autre envoyée à Matignon le lendemain sinon le jour même de la Saint-Barthélemy.

« Je vous escripvis hier de la sédition qui est advenue en cette ville où l'admiral avoit esté tué, ensemble aucuns gentilshommes qui estoient avec luy, affin que vous eussiez à faire publier et entendre pour tous lieulx et endroicts de votre charge que chacun eust à demourer en repos en sa maison, sans prendre les armes pour se offenser l'ung l'autre. Et pour ce que mon intention est encore telle, je

lettre est de conséquence ». — M. de Prie termine en demandant l'autorisation de quitter Tours et d'aller dans sa maison, jusqu'à l'arrivée de Cossé sur laquelle il compte, et en le priant de lui dire s'il doit lui envoyer quatre ou cinq gentilshommes de la compagnie du maréchal qu'il a retenus..... « Et sera l'endroict où je supplie Dieu vous donner, Monseigneur, en très parfaicte santé très longue et très heureuse vie.

De Tours, ce XVe octobre 1572.

Votre très humble et très obéissant serviteur,

DE PRYE. »

Le postcriptum concerne un habitant de Blois qu'il avait fait retenir en prison sur le commandement de Cossé. Voir aussi pour ce qui a trait à Blois une lettre de M. de Serret, à Blois, 5 novembre. F. Fr., mss. 2217, f° 67.

vous ay bien voullu de rechef advertir que si aucuns de la relligion estoient si presonptueux que de s'assembler et eslever pour attenter chose qui peûlt estre au préjudice et dommaige de mes autres subjects et de mes affaires et service, je veux et entends que sans leur donner aucun loisir d'exécuter leur mauvaise volunté vous leur couriez sus et les faictes chastier conme perturbateurs et contrevenans à mes édits et ordonnances, ainsy que je vous ay desjà mandé. Priant Dieu, Mr de Matignon, qu'il vous ait en sa sainte et digne garde. Paris, 26ᵉ jour d'août 1572. » (1).

Cette lettre ne resta pas secrète. Elle fut même imprimée aussitôt à Caen ; son impression connue de la Cour donna lieu à une curieuse missive du Roi écrite bientôt après, au cours du mois de septembre.

« Je trouve merveilleusement estrange que les lectres et despéches que je vous ai faictes, depuis la mort de l'admiral, au lieu qu'elles doivent être tenues secrètes et non publiées sinon ce qui est requis pour mon service, elles soient imprimées et divulguées par tout, comme vous verrez par une impression que je vous envoye, qui a esté faicte à Caen. Aiant advisé de vous faire incontinent cette despêche pour vous dire que je suis bien marry que cela se soit ainsi faict, d'autant que par ce moien les dites impressions sont envoyées hors du royaume.

Vous priant ne pas faillir faire regarder quels imprimeurs ont faict les dites impressions, pour faire prendre et brusler tout ce qu'ils en ont imprimé et en oster de dessus les presses les caractères, afin qu'il n'en soit plus faict. Mais il faut que ce soit incontinent, doulcement et sans bruict, afin qu'en réparant ceste faulte on ne la face point plus grande.

[Signé] CHARLES.

Et plus bas, PINART (2). »

(1) Bibliothèque nationale, mss. 3256, fᵒ 54.

(2) Bibliothèque nationale, mss. 3256, p. 57.

« A M. de Matignon, chevalier de mon ordre, conseiller de mon conseil privé, capitaine de cinquante hommes d'armes de mes ordonnances et mon lieutenant général au gouvernement de Normandie. » — On connait la proclamation faite à Caen, par Matignon, le 27 août, portant défense de se quereller et de porter les armes. Elle a été publiée par M. de la Ferrière-Percy, *La Normandie à l'étranger*, p. 206. — Quant à l'impression dont il est ici question, elle pourrait fort bien avoir été faite de connivence avec

On peut juger par ce seul billet de tout l'intérêt que présente la correspondance de M. de Matignon. J'espère la publier prochainement, en plaçant toutes ces lettres dans leur véritable cadre, c'est-à-dire au milieu, des événements dont la Basse-Normandie fut alors le théâtre, et en les accompagnant de la peinture du caractère du futur maréchal. Je donnerai non-seulement la correspondance qui lui est adressée par la cour, mais les lettres qu'il écrivit lui-même de Caen, d'Alençon et du château de Lonray, ce château célèbre dès le commencement du XVIᵉ siècle par le séjour de la Baillive de Caen, la dame de Lonray, Aymée Motier de la Fayette, femme de François de Silly, la *Longarine* de l'Heptameron, la confidente de Marguerite de Navarre, dont elle éleva la fille Jeanne d'Albret.

Page 7, note 1. — Mgr. le duc d'Aumale, *Histoire des princes de Condé*, t. Iᵉʳ, in-8º, pièces et documents p. 511, a donné un texte plus exact et plus complet de la lettre écrite par le prince de Condé à M. de Matignon au sujet du ministre Merlin ; sans revenir sur la partie du texte publiée (*lire* : « en un vergier ès faulx bourgs ») je reproduis ici la fin de cette lettre que n'avait pas donnée M. de la Ferrière :

« Scachant d'aultre part que Sa Majesté leur a octroié lectres patentes, tant pour remectre le dit Merlin en son ministère que pour le laisser paisiblement converser avecques sa femme légitime, lesquelles à ce que l'on m'a adverty, vous avez retenues en vos mains, je vous ay bien voulu escrire ceste lettre pour en premier lieu vous dire que n'aiant ces povres gens en rien contrevenu aux ordonnances et plaisir de Sa Majesté, il n'est pas raisonnable qu'ils soient

Matignon lui-même, dans le but de prévenir toute émotion des protestants pouvant donner lieu à des représailles contre eux. Il ne faut pas oublier que de la part de Matignon on a affaire non-seulement à un honnête homme, mais à « un très fin et trinquat Normand ». V. Brantôme, t. V, p. 165.

ainsi privés du bénéfice de leur religion, qui est, je vous asseure, le plus ferme lien que l'on scauroit choisir pour contenir le peuple en toute obeissance et devoir envers son prince et puis à ceste occasion vous prier, etc. (1). »

(1) Je ferai remarquer à propos de la femme et de la belle-mère de Merlin, que la lettre du Fonds Fr. 3353, f° 90, écrite par Antoinette *de Cerisay*, à Madame de Humyères (Renée d'Averton), de Paris, ce VIe de juin, et dans laquelle elle l'entretient de la faveur faite à sa fille, entrée au service de Mesdames, dont Madame de Humyères était gouvernante en 1557, n'émane pas d'un membre de la famille de Mellay, de Cerisay, à laquelle appartenait la femme du ministre Merlin.

MAMERS. — TYP. G. FLEURY ET A. DANGIN. — 1881.